コスモポリタニズムの起源

The Origin of Cosmopolitanism

初期ストア派の政治哲学

川本 愛

若い知性が拓く未来

　今西錦司が『生物の世界』を著して，すべての生物に社会があると宣言したのは，39歳のことでした．以来，ヒト以外の生物に社会などあるはずがないという欧米の古い世界観に見られた批判を乗り越えて，今西の生物観は，動物の行動や生態，特に霊長類の研究において，日本が世界をリードする礎になりました．

　若手研究者のポスト問題等，様々な課題を抱えつつも，大学院重点化によって多くの優秀な人材を学界に迎えたことで，学術研究は新しい活況を呈しています．これまで資料として注目されなかった非言語の事柄を扱うことで斬新な歴史的視点を拓く研究，あるいは語学的才能を駆使し多言語の資料を比較することで既存の社会観を覆そうとするものなど，これまでの研究には見られなかった溌剌とした視点や方法が，若い人々によってもたらされています．

　京都大学では，常にフロンティアに挑戦してきた百有余年の歴史の上に立ち，こうした若手研究者の優れた業績を世に出すための支援制度を設けています．プリミエ・コレクションの各巻は，いずれもこの制度のもとに刊行されるモノグラフです．「プリミエ」とは，初演を意味するフランス語「première」に由来した「初めて主役を演じる」を意味する英語ですが，本コレクションのタイトルには，初々しい若い知性のデビュー作という意味が込められています．

　地球規模の大きさ，あるいは生命史・人類史の長さを考慮して解決すべき問題に私たちが直面する今日，若き日の今西錦司が，それまでの自然科学と人文科学の強固な垣根を越えたように，本コレクションでデビューした研究が，我が国のみならず，国際的な学界において新しい学問の形を拓くことを願ってやみません．

第26代　京都大学総長　山極壽一

凡　例

1. 本書において引用されるストア派関連のギリシア語文献およびラテン語文献の多くは，フォン・アルニム編纂による3巻の『初期ストア派断片集』や，より新しいA. ロングおよびD. セドレーの手になる『ヘレニズムの哲学者たち』に収録されている。そのため，引用にあたってはこれらの文献の該当箇所も並記してある（略記法については下記を参照）。
2. 古典文献については，巻末の出典索引を参照されたい。なお，引用した原文訳はすべて筆者によるものである。
3. 古典語の表記にあたっては，
   (1) 固有名詞の音引きを省く。
   (2) p/ph, t/th, k/kh の音を区別しない。

略記法

FHSG : *Theophrastus of Eresus. Sources for his Life, Writings, Thought and Influence*. 1-2. W. W. Fortenbaugh, P. M. Huby, R. W. Sharples and D. Gutas (eds.) 1992. Leiden : Brill.

LS : *The Hellenistic Philosophers*. A. Long and D. Sedley. 1987. 1-2. Cambridge : Cambridge University Press.

OSAP : *Oxford Studies in Ancient Philosophy*.

SVF : *Stoicorum veterum fragmenta*. 1-4. H. F. A. von Arnim (ed.) 1903-1924. Leibzig : Teubner.（中川純男［ほか］訳『初期ストア派断片集』1-5. 京都：京都大学学術出版会，2000-2006.）

目　次

凡　例　i

序　章　現代と古代のコスモポリタニズム ……………………… 1

　現代の「コスモポリタニズム」はいったい何を主張しているのか？　3
　過激なコスモポリタニズムの衰退　11
　私たちはある種の過激なコスモポリタニズムを
　必要としているのではないだろうか？　14
　ストア派のコスモポリタニズム──先行研究　18
　本書の構成　20
　ストア派とその時代　22

第1章　知者と愚者，人間の社会的自然本性 ……………………… 27

　1　知者と愚者　29
　　1-1　知と無知，徳と悪徳　29
　　1-2　「知者だけが X である」　32
　2　親近化の理論──正義の原理　38
　　2-1　自己に対する親近化　39
　　　（1）理論の紹介　39
　　　（2）自己に対する親近化の理論は全人類に関わる
　　　　　倫理的な関係の根拠を提供するか？　42
　　2-2　他者に対する親近化　44
　　　（1）理論の紹介　44
　　　（2）初期ストア派は他者に関する親近化の理論を
　　　　　どの程度まで発展させたのか──動物に対する正義　45
　まとめ──初期ストア派政治哲学の再考　50

第2章　ゼノンの『国家』——知者たちの共同生活 ………… 53
　1　ゼノンの『国家』の再構築　54
　2　知者だけが市民であるという主張の論証　61
　　2-1　ストア派における，市民，ポリス，法の再定義　61
　　2-2　ゼノンの『国家』における知者の徳と法　70
　3　ゼノンの主張の意義　71
　　3-1　全人類に関わる倫理的な関係という考えの発展について
　　　　——開かれたコミュニティ　71
　　3-2　個人とコミュニティの関係について——エロス的な共同生活　73
　まとめ——ゼノン以降のストア派　80

第3章　クリュシッポス——宇宙に拡がる互恵関係 ………… 83
　1　クリュシッポスの主張の意味　85
　　1-1　基本的な主張　85
　　1-2　単なる比喩？　88
　　1-3　知者以外の人間も市民としてコミュニティに含まれるのか？　89
　2　クリュシッポスの主張の根拠，目的，実践的な意義　92
　　2-1　根拠——法の徳としての再定義　92
　　2-2　目的——倫理学と自然学の接続　93
　　2-3　実践的な意義——星々と神話　95
　3　クリュシッポスの主張の意義　97
　　3-1　全人類に関わる倫理的な関係という考えの発展について
　　　　——遠くの他者　97
　　3-2　個人とコミュニティの関係について
　　　　——伝統的なコミュニティの保存　99
　まとめ——コスモポリタニズムの変身　101

第4章 ストア派の法——直観と規則のあいだ …………… 103

1 価値の分類 107
2 行為の分類 108
3 行為の規則 110
　3-1 個別的な状況において複数の
　　　「適切な行為」は存在しうるのか？ 112
　3-2 状況非参照規則解釈のテクスト上の根拠 114
　　（1）適切な行為の区分と「困難な状況」 114
　　（2）正統ストア派とアリストンの論争 117
4 「忠告」 121
　4-1 『倫理書簡』94の目的 122
　4-2 『倫理書簡』94の構成 124
　4-3 忠告とは何であるのか？ 126
　4-4 「忠告」と「原理」 131
3と4のまとめ——ストア派の法の特徴 134
5 ストア派の規範理論の意義
　　——普遍的な規範と特殊的な規範の関係について 135
まとめ——ストア派の社会変革 136

第5章 中後期ストア派——伝統的なコミュニティの正当性 139

1 中後期ストア派の基本的な性格 140
　1-1 ゼノンの過激な主張に対する中後期ストア派の反応 141
　1-2 中後期ストア派における結婚制度の肯定 141
2 中後期ストア派における新しい理論 146
　2-1 全人類のコミュニティ 147
　2-2 複数のコミュニティの優先順位 151
　2-3 正しいロゴスとの関連づけによる伝統的な
　　　コミュニティの正当化 157

（1）結婚　157
　　　（2）親子　158
　　　（3）国家　160
　3　中後期ストア派の主張の意義　163
　　3-1　全人類に関わる倫理的な関係という考えの発展について
　　　　——全人類のコミュニティ　163
　　3-2　個人とコミュニティの関係について
　　　　——地上のコミュニティの改善　164
　まとめ——アリストテレスへの回帰？　165

結　論 ………………………………………………………… 169

　解釈の要点
　　——愚者の包含，範型としてのコミュニティ，普遍的な規範　169
　ストア派のコスモポリタニズムの有用な観点　172
　具体例に即した形式化——遠くの外国人と自分の子ども　177

参考文献表　181
あとがき　189
英文要約　191
索引（人名・事項・出典）　197

序章
現代と古代の
コスモポリタニズム

　近年,あらためてコスモポリタニズム(「世界市民思想」と訳されることもある)が注目されている。その背景にあるのは従来の「国家」という枠組みを揺るがすさまざまな現象である。ヨーロッパ連合の成立と拡大は国家主権に疑問をつきつけた。新自由主義経済の理論は国家の役割を個人の私的所有権と自由市場の保障に限定することを主張し,この理論の実践によって資本の国境を越えた移動が促進され多国籍企業が強大な力を持つようになった[1]。また移民の増加,移動手段と通信技術の発達,国境を越えた生産と消費の拡大などによって,個人の生活それ自体においてもグローバル化が進んだ。

　このような状況において,国家という枠組みを基本とする考え,とりわけ外国人への倫理的な配慮や法的な保護を否定するような,あるいは外国の文化やアイデンティティを貶めるような極端なナショナリズムが批判され,その対抗思想としてあらゆる人々の尊重を訴えるコスモポリタニズムに期待がよせられるのは自然な流れである。すでにハーバーマス[2],ヌスバウム[3],ポッゲ[4]などの大物思想家がコスモポリタニズムについてそれぞれ異なる方法で論じてきた。

---

[1]　新自由主義経済とコスモポリタニズムの関係について,詳しくは Harvey(2009)を参照。
[2]　ハーバーマスは,第二次世界大戦後のドイツの新しいアイデンティティの形成という関心から,市民は民族主義的な愛国心ではなく民主的な立憲国家の基本的な原理への愛着としての愛国心をもつべきであるという,憲法愛国主義を提案した。たとえば,ハーバーマス(1999)を参照。
[3]　ヌスバウムの議論については,本書 p.11-13 を参照。

人類がよりよく生きるためにコスモポリタニズムの主張を具体的な政策に反映させようとした場合，問題になることの一つは，現代においてコスモポリタニズムとは決して一義的で明確な主張ではないということである。コスモポリタニズムが注目を集め，立場の異なる多くの人たち——国際的な経済格差の是正を求める人もいれば文化のハイブリッド性を称揚する人もいる——を引きつけた結果，ハーヴェイの指摘するように「それはあまりに多くのニュアンスと意味を獲得したため，国民，人種，民族，宗教的アイデンティティへの極端な忠誠に由来するとされる偏狭な地域主義に対する一般的反対という点を別にすれば，思考と理論化の何らかの中心的潮流を特定することが不可能」[5]となってしまった。

　ある主張や概念の意味が曖昧になってしまった場合，ひとまずその歴史的な起源を確認し，それがもともとは何であったのかを明らかにするという思想史的アプローチは一つの有効な手段となる。そこで私は，コスモポリタニズムの創設者とされる初期ストア派の政治哲学を考察することによって，現代においてぼやけてしまったこの思想の原形を確認したいと思う。さらに，本論の内容をやや先取りすることになるが，初期ストア派政治哲学の明確な主張は，個人と特定のコミュニティ（家族や国家など）の関係をどのように理解するべきかという問題をめぐって多義化し曖昧化しつつある現代のコスモポリタニズムに対して，ある重要な知見を与えてくれることが期待できる。

　以上のような背景と見通しから，本書は，コスモポリタニズムの歴史的起源を解明すること，そしてそれをもとにして個人と特定のコミュニティの関係という問題を再検討することを目的とする。

　本論に先立ち，次のような予備的な考察をこの序章において行う。

　第一に，現代においてコスモポリタニズムと呼ばれる思想はどのようなものであるのか，そしてその問題点は何であるのかを確認する。まずコスモポリタニズムと呼ばれる一連の主張が成立するに至る歴史的経緯について概

---

[4]　ポッゲは，ロールズが格差原理を国境を越えて適用しないことを批判し，世界で最も不遇な人々への資源の再分配を，慈悲としてではなく義務として実行するように主張した。たとえば，Pogge（2002）を参照。
[5]　ハーヴェイ（2013）147.

観する。つぎにコスモポリタニズムに含まれる多様な見解をシェフラーによる分類に従って整理し類型化する。そのうえで，個人と特定のコミュニティの関係という問題について，現代の主流となっている穏健なコスモポリタニズムは十分に論じることができていないということを指摘する。

第二に，ストア派のコスモポリタニズムについての先行研究を整理し，その到達点と問題を概観する。具体的には，初期ストア派の見解のなかでも「知者だけが市民である」という奇妙な命題の意味がまだ十分に解明されておらず，したがってこの命題を根拠にして初期ストア派が一般大衆を倫理的な関係から排除したとする標準的な解釈に再検討の余地があるということを確認する。

さらに，以上の確認の作業を踏まえて，本論の構成と方法について説明する。

最後に，ストア派の時代背景についても若干の検討を行う。従来は，ストア派の思想に対するアレクサンドロス大王以降の地中海世界の変化の影響が強調されてきたが，実際にはストア派に対する影響は限定的であり，むしろストア派のコスモポリタニズムはプラトンなどの先行する知識人たちの議論の蓄積から生まれたというのが，私の考えである。

現代の「コスモポリタニズム」はいったい何を主張しているのか？

そもそも現代において「コスモポリタニズム」と呼ばれているのはどのような見解なのだろうか？　このことを理解するためには，まず現代のコスモポリタニズムが形成されるに至る歴史的経緯を簡単にたどっておくのがよいだろう。コスモポリタニズムの歴史について，一般に以下のような説明が与えられている[6]。

コスモポリタニズムの歴史は，その語源（コスモポリーテース＝世界／宇宙の市民）が示しているように，古代ギリシアに遡る。確認できる限りで，初めて「コスモポリーテース」という言葉を使ったのはシノペのディオゲネス[7]

---

[6] 主に，以下の資料を参考にした。Kleingeld and Brown（2014）および古賀（2014）．現代のコスモポリタニズムの説明については，Scheffler（1999）をとくに参考にした。

(前412/403年頃-前324/321年頃)である。彼は「あなたはどこの市民(国民)か」と聞かれて、「自分はコスモポリーテース(κοσμοπολίτης)だ」と答えた[8]。つまり、自分はある特定の国家(ポリス)に帰属しているのではなく、世界(コスモス)というコミュニティに帰属しているのだ、と彼は主張したのである[9]。このような考えは、プラトン(前429年頃-前347年)やアリストテレス(前384-前322年)などに見られる、国家(ポリス)は個人がよい生を送るための最も重要な枠組みであるという考え方と対立するものだった。その後、ディオゲネスよりも明確な仕方で、ストア派は現代のコスモポリタニズムと類似する理論を発展させた。すなわちストア派は、正しい理性は普遍的な法であり、すべての理性的な存在者は宇宙という一つの国家に本来的には帰属している、と主張した[10]。

このような、理性的な存在者としての人間が一つの共同体をなすという考えは、主にキケロ[11](前106-前43年)を通じてローマおよびヨーロッパ世界に多様な形で影響を与えた。たとえば、アウグスティヌス(354-430年)において、世界中の神を愛する人々が一つの共同体をなすという考えが確認される[12]。また初期近代において、グロティウス(1583-1645年)など自然法思想家たちの一部は、人間の社会的な自然本性のゆえに人類が一つの共同体をなすと考えた。さらに18世紀の啓蒙の時代においては、コスモポリタニズムという言葉はしばしば特定の哲学的な主張を意味せず、個人の精神的態度やライフスタイルを意味した。すなわちコスモポリタニズムという言葉は特定の宗教や共同体への偏狭な忠誠心から自由である公平な精神を意味し、コスモポリタンという言葉は、偏狭な田舎者に対比される、旅行や外国人との

---

7) キュニコス派(犬儒派)の哲学者。既存の慣習と価値観に挑戦し、自然に従った質素な生を説いて、乞食のような暮らしをした。
8) ディオゲネス・ラエルティオス『哲学者列伝』6. 63.
9) シノペのディオゲネスのコスモポリタニズムについて、より詳しくは國方(2009)を参照。
10) たとえば、マルクス・アウレリウス『自省録』4. 4.
11) マルクス・トゥッリウス・キケロ。カエサルやアントニウスに敵対した共和派の政治家として有名だが、優れた文人でもあり、ストア派などのギリシアの哲学についてラテン語で多くの著作を残した。キケロの著作は後世に大きな影響を与え、古代哲学についての現代の私たちの考えも、キケロに多くを負っている。
12) アウグスティヌス『神の国』19. 17.

交流を好む洗練された都会人を意味することがあった。

　コスモポリタニズムのこのような多様な展開の中で，とりわけカント(1724-1804年)は現代のコスモポリタニズムの発展にとって大きな役割を演じた。カントは，理性的な存在者としてのあらゆる人間は尊厳を持ち，したがってあらゆる他人に対して尊敬を示す義務が存在するという倫理的な主張に加えて[13]，政治的，法的，そして経済的な主張もした。すなわち，カントは永遠平和の実現のために，市民の自由と平等を保障する諸国家の連合と，個人が国境線を超える場合に敵として扱われず友好的に交流することができる「訪問の権利」を認める世界市民法を構想した[14]。あらゆる個人の尊厳，自由で民主的な国家の連合，難民の権利，国境を越えた経済活動の自由など，現代のコスモポリタニズムのさまざまな主張の源泉はカントにあると言ってよいだろう。

　以上のような，概して理性的な普遍主義と呼べるような伝統を継承しながら，現代のコスモポリタニズムは，二度の世界大戦の反省，人権意識の高まり，急速なグローバル化などの要素を背景に多様な展開を見せた。だが，とりわけ現代において「コスモポリタニズム」として注目されている一連の思想——この思想の担い手には，ベイツ，ポッゲ，ヌスバウム，オニールなどの思想家が含まれる——は，20世紀の北米におけるリベラリズムとコミュニタリアニズムの対決[15]という思想的な要素を背景として発展したと言えるだろう[16]。そのためこの種類のコスモポリタニズムは，この二つの対立する

---

[13]　カント『人倫の形而上学』．
[14]　カント『永遠平和のために』．
[15]　リベラル-コミュニタリアン論争については，坂口・中野（2000）が簡潔に整理している。この論争の要点をここで確認しておくと，「彼らコミュニタリアンたちは，現代リベラリズムが，①歴史や伝統，共通善といった文脈から切り離された，アトミズム的な自己論を展開していること，②『善に対する権利の優先 priority of rights over goods』の名の下に，規範理論における善や徳の問題や自己とコミュニティの関係性についての考察を限定・放棄したこと，を批判した」（坂口・中野（2000）87-88），ということである。
[16]　なお，この種の，いわば現代における主流のコスモポリタニズムの他に，ピーター・シンガーに代表される，功利主義に基づいて国際的な経済格差の是正を主張する立場や，フリードマンに代表される，単一の自由市場を推進する新自由主義経済的な主張や，世界中の労働者の団結を説く共産主義的な主張なども存在するが，本書ではこれらの主張を現代のコスモポリタニズムとして考察することはしない。

思想に対して，それぞれ次のように対峙している[17]。第一に，基本的に個人は特定のコミュニティの構成員であるかぎりにおいて（サンデルの印象的な表現を借りれば，「自らの家族・コミュニティ・国家・国民の成員として，自らの歴史の担い手として，過去の革命の子孫として，現在の共和国の市民として」[18]存在する人格，つまり「他者と歴史を共有するという負荷によって，一部が構成されている人格」[19]であるかぎりにおいて），倫理的な配慮の対象になり，また倫理的な主体としてよく生きることができるという，マッキンタイア型のコミュニタリアニズムの主張に反対する。第二に，基本的に正義の原理は外部に対して閉じられた特定の社会に対して適用されるという，ロールズ型のリベラリズムの主張に対しても反対している[20]。

以上のような歴史的な説明を考慮すると，コスモポリタニズムとは，倫理的な配慮の射程を物理的な境界線を持つ特定のコミュニティ（とりわけ国家）の構成員に限定してその外側の人々を排除するような考え方に反対することを根幹とする思想であると言えるが，しかしその限りでそこには多種多様な思想が含まれうる。事実，コスモポリタンと呼ばれている現代の思想家の間でも具体的な主張と根拠についてかなり大きな主張の違いが見て取れる。コスモポリタニズムを代表する現代の思想家たちの論文を収録した論集の序文において，編者であるブロックとブリグハウスもまた，コスモポリタニズムは「各人は倫理的に対等な価値を持ち，その価値は普遍的な射程を持つ何らかの責任を発生させるということ」という核心的な主張を持つが，より具体的な主張は多様でありうると説明している[21]。現代のコスモポリタニズムは決して一枚岩ではないのである（ナショナリズムの立場を取るデイヴィッド・ミラーでさえも，各人が倫理的に対等な価値を持つという主張であれば，極端な差別主義者以外のあらゆる人が賛成するだろうと述べている[22]）。

---

17) Scheffler（1999）.
18) サンデル（2009）205-206.
19) Idem 208.
20) ロールズの正義論に対するコスモポリタニズムの立場からの批判については，神島（2015）が詳しく分析している。
21) Brock and Brighouse（2005）4-5.
22) Miller（2007）28.

序　章　現代と古代のコスモポリタニズム

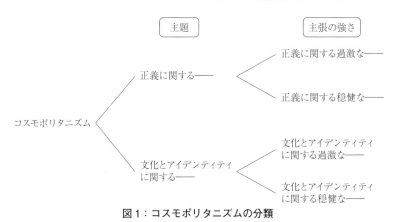

図1：コスモポリタニズムの分類

　それでは，「各人は倫理的に対等な価値を持ち，その価値は普遍的な射程を持つ何らかの責任を発生させるということ」の他に，現代のコスモポリタニズムの思想家たちはどのようなより具体的な主張をしているのだろうか？シェフラーによれば[23]，現代のコスモポリタニズムの主張を次のように整理することができる。第一に，主題に応じて，「正義に関するコスモポリタニズム」と「文化とアイデンティティ（および，よく生きること[24]）に関するコスモポリタニズム」の二つに分類される。第二に，主張の強さに応じて，「過激なコスモポリタニズム」と「穏健なコスモポリタニズム」に分類される。つまり，合計4種類のコスモポリタニズムが得られることになる（図1）。

　主題に応じて分類される二つのコスモポリタニズムは，それが反対する見解との関係で特徴づけられる。

---

23)　Scheffler（1999）.
24)　Schefflerの分類においては，「文化とアイデンティティ」に強調点が置かれているが，Waldron（1992）の主張に見られるように，文化とアイデンティティに関するコスモポリタニズムは，多様な文化が個人のアイデンティティを形成するということに加えて，グローバルなコミュニティへの帰属意識を持ちグローバルなコミュニティへの責任を果たすことが個人のよい生に貢献するということを主張している。本書においては「文化とアイデンティティに関するコスモポリタニズム」という名称を基本的な区分として採用するが，その重要な主題に「よく生きること」が含まれるということを強調した書き方をする。そのため，シェフラーの説明において強調されていない「義務」という概念を強調する書き方をする。

一方の，正義に関するコスモポリタニズムとは，正義の原理が第一義的には境界を持つ閉じた社会に適用されるという考え方に反対する主張である。具体例としては，世界における経済格差の解決のために，ロールズの正義の原理（格差原理）のグローバルな適用を要求した，ベイツおよびポッゲの主張[25]が挙げられる。

　この正義に関するコスモポリタニズムのうち，過激な主張によると，特定の社会にのみ適用されるような正義の原理は，正義を実際に行使するために必要であるという実践上の理由で正当化されうるかもしれないが，少なくとも究極的な原理のレベルでは正義の原理として認められないということになる。つまり，どのような正義の原理を提案しようと，それが正義の原理として認められるためには，ある社会には適用されるが別の社会には適用されないというようなものではあってはならず，あらゆる社会に適用されるグローバルな原理でなければならないということである。

　これに対して，正義に関する穏健なコスモポリタニズムによると，特定の社会にのみ適用される正義の原理は正義の原理として認められるが，そのような原理に加えてグローバルな正義の原理が存在し，特定の社会の正義の原理はグローバルな正義の原理によってある程度制限されなければならないということになる（どのような場合にどの程度制限されるのかについてシェフラーは明確な回答を与えていないが，この問題に対する回答の仕方によって穏健なコスモポリタニズムの中でもより強い主張とより弱い主張とを区別することができるだろう）。

　他方の，文化とアイデンティティ（および，よく生きること）に関するコスモポリタニズムとは，個人のよく生きることとアイデンティティが，相当な程度に明確な境界と相当な程度に安定したまとまりを持った特定の文化的なコミュニティに依存する，という考え方に反対する主張である。たとえば，ウォルドロンの主張[26]が文化とアイデンティティに関するコスモポリタニズムの例として挙げられる。彼によれば，現代社会において異なる文化は相互に翻訳され影響しあっている。完全に純粋な文化的なコミュニティというも

---

25) Beitz（1979）; Pogge（1989）.
26) Waldron（1992）101-103.

のはコミュニタリアンの空想の産物であり，したがってコミュニタリアンが説くような固有の伝統に没入する生き方とは「ディズニーランドに暮らし，その環境こそ文化が本当の意味で存在していることの典型だと考えるようなもの」であることになる。ウォルドロンはさらに，私たちは自分の文化とアイデンティティを人類全体に負っているということ，また，個人は学術的なコミュニティや人権団体，女性団体などのグローバルなコミュニティへ帰属することができ，そのような帰属によってよく生きることができると主張した。彼の考えではこのようなグローバルなコミュニティこそが，コミュニタリアンたちが現代において失われたと嘆く「アリストテレス的友愛」（すなわち，有徳な市民のあいだに結ばれ，コミュニティの善を推進する友愛）の実現なのである。

　文化とアイデンティティ（および，よく生きること）に関するコスモポリタニズムのうち過激な主張は，明確な境界によって分断されないグローバルなコミュニティに帰属するものとして自己を認識し，グローバルなコミュニティによって承認される価値に従い，グローバルなコミュニティに対する義務を果たす生き方が人間にとって望ましいものであるとする。したがって，特定の一つのコミュニティの価値と伝統だけに従い，そのコミュニティに対する義務（そのような義務は，それがグローバルなコミュニティに対する義務から独立したものとして考えられている限り，真の義務として認められない）だけを果たす生き方によっては，個人は人間として十分によく生きることはできないということになる。

　これに対して，文化とアイデンティティ（および，よく生きること）に関する穏健なコスモポリタニズムによると，個人がよく生きるためには必ずしも特定の一つのコミュニティによって承認される価値と伝統に従わなくてもよいということになる。つまり，特定の一つのコミュニティによって承認される価値と伝統（社会状況の変化に応じて変化することはあるが，グローバルなコミュニティによって承認される価値から独立したものとして考えられている価値と伝統）に従った生き方を選んでもよく生きることは成立するが，しかしそれを選ばずに，グローバルなコミュニティによって承認される価値に従った生き方を選ぶとしても，個人は十分によく生きることができるということである。

以上の分類における過激な主張と穏健な主張の違いは，シェフラーによれば，個人と特定のコミュニティとの関係をどのように理解するかという点に根ざしている。すなわち，「個人はコスモポリタン（世界市民）である」と主張するとき，全人類のコミュニティは，倫理的な責任を発生させる様々なコミュニティ（友人，家族，地域社会，国家など）のうちの一つである，という穏健な見解を表明しているのか，それとも，全人類のコミュニティへの倫理的な責任（あるいは全人類の利益）という観点に言及することなしにはその他の特定のコミュニティへの倫理的な責任を正当化することはできないような，特権的な地位を全人類のコミュニティは占めているという過激な見解を表明しているのか，という違いである（以下で見るように，シェフラーの分類において，過激なコスモポリタニズムを代表するとされるのはヌスバウム[27]の思想である）。

　シェフラー自身は現代のコスモポリタニズムを網羅的に分類することを試みていないが，彼の分類は，コスモポリタニズムと呼ばれる，ある主張の一般的な傾向を把握するために有効である。たとえば，特定の家族や地域への特別な責任と人類全体への責任とは通約不可能であり，世界中に飢餓で苦しむ子どもが存在することを知りながら自分の家族のために高価なオペラのチケットを購入することについて特に弁明する必要はないし，そうすることとあらゆる個人に対等な倫理的価値を認めることは両立するというアッピアの主張[28]は，おそらく正義についての穏健なコスモポリタニズムに分類されるだろう。このようなアッピアの主張と比較すれば，正義の原理は人類全体を射程として持つべきであり，また個々の判断（たとえば自分の家族の芸術的な趣味のために高価なチケットを購入すること）もそのような普遍的な原理から導かれるべきであるというオニールのカント主義的な立場[29]は，おそらく正義についてのより過激なコスモポリタニズムに分類されるだろう。

---

27) Nussbaum（2002）.
28) Appiah（2006）chap. 10.
29) O'Neill（2000）.

過激なコスモポリタニズムの衰退

　コスモポリタニズムの主張をこのように整理した上で私が注目したいのは，コスモポリタニズムの陣営において，過激な主張が絶滅しつつあるように見えるということである。

　たとえば個人と特定のコミュニティとの関係についての以下のようなヌスバウムの主張の変化を，現代におけるコスモポリタニズムの穏健化の一つの事例として考えることができる。

　シェフラーが指摘しているように，1996年に出版された *For Love of Country*（『国を愛するということ』）[30]において，ヌスバウムは過激なコスモポリタニズムに分類されうるような主張を展開していた。

　その書においてヌスバウムは，身近な人により多くの配慮を与えることはむしろ正しいと述べた上で，「だがコスモポリタンがこのように主張する主要な理由は，身近な人がそれ自体としてより価値があるからということではなく，そうすることがよいことを実行するための唯一の合理的な方法だからということであるべきである」[31]と述べている。また，「自分の領域に特別な配慮を与えることは，普遍主義の観点から正当化されることが可能であり，そして普遍主義の観点からの最も強力な正当化である」[32]と述べている。そして，そのような普遍主義による正当化の具体例として，各人があらゆる子どもに対して平等に責任を果たすよりも各人が自分の子どもに対して特別な仕方で責任を果たすほうが効率的であり，結果としてあらゆる子どもにとっての利益になる，という説明を与えている[33]。

　もちろん彼女は，身近な人への特別な愛情や責任が普遍主義の観点からつねに正当化される必要があるとか，それらが全人類の利益に由来しなければならないとまでは述べていない。だが，以上の言明に加えて，彼女が，自分

---

30) なお，同書は2002年に *For Love of Country?* に改題され，新たな序文を付けられて出版されている。以下で，Nussbaum（2002）として参照する。
31) Nussbaum（2002）135-136.
32) Idem 13.
33) Idem 13, 136.

の立脚するストア派の主張を，全人類の倫理的なコミュニティに第一の帰属を与えるべきであるという主張として説明していること[34]も考慮すると，彼女がここで提唱しているコスモポリタニズムは，原理的には全人類に平等な配慮を与えるべきであり，身近な人への特別な配慮は全人類にとっての利益を実現するための効率性という実践上の理由によって初めて認められるという，過激な主張であるように見える。

　他方，2013年に出版されたヌスバウムの *Political Emotions*（『政治的な感情』）においては，個人やコミュニティに対する愛情を普遍的な善のための手段としてのみ正当化するような考えは明確に否定されている。こちらの書では，身近な人や特定のコミュニティに対して個人が抱く特別な愛情，とりわけ愛国心は，個人をエゴイズムから解き放ちグローバルな正義へと目を向けさせるための「てこ」として必要であるとされつつも[35]，特定のコミュニティへの特別な愛情は決して単なる普遍主義のための道具ではないということも強調されている。まず，彼女は自分の構想する社会はリベラルであり，「政治的な領域の外で行われる活動については，市民たちは，何であれ各自の好むところの，人生についての包括的な理解に支えられて，彼らの愛する人たち，そして彼らの愛する主義主張と特別な関係を持ってよい」ということを注意している[36]。さらに，市民の義務という政治的な領域についても，「単に法に従って義務を果たす市民」よりも，「想像力と感情を，国と他の市民の状況について活発にはたらかせる市民」を，たとえ両者の外的なふるまいはまったく同じであったとしても，賞賛すべきだと述べている。ヌスバウムの用いる比喩によれば，自分の子どもを全く愛していない親は，たとえ本当に愛している場合と全く同じように行為するとしても，親としての役割を適切に果たしているとは言えないのと同様に，市民も国家を本当に愛していなければ，たとえ普遍的な善が達成されていても，市民としての役割を適切に果たしているとは言えないのである[37]。この書において，ヌスバウムは，特別な愛情

---

34) Idem 7.
35) Nussbaum（2013）17, 207.
36) Idem 386.
37) Idem 391-396.

が普遍的な善に貢献するという以前からの主張を変えたわけではない。しかしながら，特別な愛情を普遍的な善を達成するための手段として正当化するという以前の戦略は採用されず，むしろ，私的な領域において特別な愛情の多様な形が認められ，さらに，政治的な領域においても，普遍的な善の達成とは無関係に，国と同市民への特別な愛情はそれ自体で人生にとって価値のあるものだと主張されているようである。

より明確にコスモポリタニズムの穏健化を提案しているのはタン[38]である。タンはアイデンティティと正義の問題を切り離し，アイデンティティについてのコスモポリタニズムをまるごと放棄することを提案している。というのも，彼によれば，「グローバルな正義についての要求を個人のアイデンティティについてのより包括的なコスモポリタニズムの理論から区別すれば，コスモポリタンな正義はナショナリティの持つ倫理的な重要性を説明するのに失敗しているという懸念は根拠を無くす」からである。彼は，友情や愛情を普遍主義の観点によって正当化しようとすることは間違っていると述べ，自分が提案するコスモポリタニズムは，特定のコミュニティへの愛情をある形式に従って正当化することを要求しないと明言する。彼によると，コスモポリタニズムは「人びとが集団と結ぶ絆がどのように把握され理解されるべきかについて，したがってそれらの集団に対する義務の源が何であるかについての，いかなる特定の理解も押しつけなくてよい」のである。つまりコスモポリタニズムはよく生きることとアイデンティティの問題について立ち入る必要がないし，立ち入るべきではないのである。彼のコスモポリタニズムは正義についてのコスモポリタニズムであり，その要求は控えめである（もちろんその実現は困難だが）。すなわち，個人が特定のコミュニティと結ぶ関係はグローバルな正義の原理と両立可能でなければならない，ということだけである。

つまり，私と特定のコミュニティとの関係は，よい生とアイデンティティについて言えば，以上のような正義についての穏健なコスモポリタニズムによって重要な変更を加えられない，ということになる。したがって，もしタ

---

[38] Tan (2005) 176-177.

ンの考え方を採用するのなら、次のように考えるべきであるということになるだろう。全人類のコミュニティに言及せずに私に対して責任を発生させることができるような、ある特定のコミュニティに帰属する存在として私は自分と他人を理解することができるし（マッキンタイア風に言えば、「私は誰々の息子（娘）であり、誰々の夫（妻）であり、誰々の父親（母親）である。どこどこの出身で、どこどこの住民である」ということになる）、そのように理解することについて、またそのような理解にもとづいて身近な人々に特別な配慮を与えることについて、私は何の弁明も必要としない。また、私はそのような理解にもとづいて他者への義務を果たし、人間として十分によく生きることができる。ただし、その特定のコミュニティにおいて行われる意思決定について、「外側の人（家族以外、友人以外、同国人以外など）に不正を行っていないか」を真摯に問い、仮に中立的な機関から外側の人に対する不正行為を行っていると指摘された場合には、そのような指摘を受け入れて意思決定を変更しなければならない。

　したがって、「個人は世界市民である」という長い歴史を持つ主張の価値は、現代の大半の論者たちにとって、その主張がよく生きることおよびアイデンティティという問題に関連して特定のコミュニティと個人の関係を根本的に問い直しているという点にあるのではなく、単に特定のコミュニティに対する特別な配慮は全人類の利益と両立可能でなければならないと主張している点にあるようだ。

私たちはある種の過激なコスモポリタニズムを必要としているのではないだろうか？

　以上の概観にもとづき、次のように言うことができるだろう。すなわち、現代のコスモポリタニズムにおいては、愛情や忠誠心を普遍主義的な方法で正当化しているという批判をかわすために、そのような正当化はもちろん、よい生とアイデンティティという問題について個人と特定のコミュニティの関係を再考することまでも放棄されつつある、と。

　このような現代のコスモポリタニズムの動向に対して、私はここでいくつ

かのことを指摘したい。

　第一に，二つのコスモポリタニズムの分離可能性の問題である。正義についてのコスモポリタニズムを守るために，コスモポリタニズムからよく生きることとアイデンティティの要素（つまり，個人のよく生きることとアイデンティティは境界を持つ特定の文化的なコミュニティに依存しないという主張）を取り除き，自分の人生にとって特定のコミュニティが持つ意味をどのように個人が理解するかを基本的に問題としないという戦略は，保存されたはずの正義についてのコスモポリタニズムを実際には弱体化する危険性があるということである。このことは，つぎのような人を思い描けばわかるだろう。その人は，自分を世界市民と見なすことなく，身近な人々との関係性と自分の属するコミュニティ内の役割によってのみ自分という存在が規定されると考えている。また，自分の価値観や行動様式，果たすべき義務は自分の属するコミュニティのみから（つまりグローバルなコミュニティから独立して）由来し，そのようなものとしての義務を果たすことによって，個人は人間として十分によく生きることができると考えている。さて，このような考えの持ち主は，外側の人々の利益のために，正義についてのコスモポリタニズムの要求をたやすく受け入れるだろうか？　たとえば，持続不可能なライフスタイルを実践する豊かな国の人々は，もし以上のような考えを持っていれば，自分たちのライフスタイルをより貧しい国の人々のためによろこんで変更しようとしないだろう。私がよく生きるために，つまり自分の価値観を形成し，友情を育み，他者に対する義務を果たすためには，境界を持つ特定のコミュニティが存在すれば十分であり，その外側の人々がどのような暮らしをしようが，私がよく生きることと関係ないように思われるだろう。

　もちろん，グローバルな正義の実現のために，強権的な法制度によって豊かな国の人々のライフスタイルを取り締まればいい，それは国内である家族が別の家族に対して不正をしたときに国家権力が正義を強制的に執行するのと同じことだ，と正義についてのコスモポリタニズムは主張するかもしれない。しかしながら，そのような強制的な正義の執行（望ましいにせよ望ましくないにせよ）をグローバルな規模で安定的に行うことは，先のような考えを持つ人々が世界の大半を占めるような場合には難しいだろう。ヌスバウムも

述べているように[39]，各個人の閉じた愛情は公共の利益を阻害する要因となりうるのである。したがって，正義についてのコスモポリタニズムが主張するグローバルな正義の実現のためにも，よく生きることとアイデンティティについて個人と特定のコミュニティの関係を再考することは必要だろう。

第二に，現代社会におけるコスモポリタニズムが果たす役割についての自己規制的な思考に対する疑問である。個人がコミュニティと結ぶ関係が極めて流動的でありうる現代社会において，よく生きることとアイデンティティについて考察することはコスモポリタニズムの重要な使命ではないだろうか？　もっと言えば，コミュニタリアンが提案する生の範型とは別の範型を示すことが，コスモポリタニズムには期待されているのではないのだろうか？　コミュニタリアンが提案する生の範型，すなわち固有の物語を持つコミュニティへ帰属し，その内部で安定した役割を果たすという範型は，ウォルドロンが批判するように，文化や伝統の流動性を無視し，また，特定のコミュニティがその存続のために外側の世界に依存しているという事実を無視している。それは，ふたたびディズニーランドの例を使えば，あたかもディズニーランドで暮らすことが自分のよい生にとって十分であり，ディズニーランドの基盤を支えているロサンジェルスには無関心でいてよいと主張するようなものである[40]。さらに，コミュニタリアンの範型の問題として，それが虚構であるということだけでなく，その実践が困難であるということも挙げられるだろう。なぜなら，コミュニタリアンが批判する，外国の文化を無軌道に好むような，あるいはよりよい教育や経済を享受するために祖国を見捨てて外国へ移住するような「コスモポリタン」な生活を送らなくても，現代人の生活の普通の要素（転職，再婚，引っ越し etc.）によって個人の帰属するコミュニティは変動するからである。そのような変動にもかかわらず実践可能であるような生の範型を示すことが，コスモポリタニズムの使命であると考えられる。

こうした点を考慮した上で，私はコスモポリタニズムの起源であるストア派の理論の考察がいま必要であると考える。なぜなら，シノペのディオゲネ

---

39) Nussbaum (2013) 209.
40) Waldron (1992) 101.

スやストア派は，個人と特定のコミュニティの関係という問題について，各人がその関係を根本的に見直すことが必要であると主張していたように見えるからである。たとえば，ディオゲネスは，上述の「自分は世界市民だ」という発言によって，自分は本来的にはある特定のコミュニティではなく宇宙全体に帰属しているのだと主張したと考えられる。また，ストア派の創始者であるキティオンのゼノン（前334年頃-前263年頃）は，「よい人間だけを市民であり友であり身内であり自由人であるとした」[41]と言われており，ゼノンは伝統的なコミュニティへの帰属を「よさ」という観点から見直すように主張したと考えられる。こうした事情は，そもそもコスモポリタニズムは個人と特定のコミュニティの関係を根本的に見直すことをその主要な動機として成立した主張であるということを示唆している。

したがって，コスモポリタニズムをその起源まで遡りストア派の理論を考察することによって，コスモポリタニズムという曖昧な主張の原形を確認することができるとともに，個人と特定のコミュニティの関係という問題について新たな知見（とくに，よく生きることとアイデンティティに関してグローバルな正義の原理を根拠づけるような仕方で論じることができ，かつ，友情や愛情を手段化しているという，現代の過激なコスモポリタニズムに対する批判を回避することができるような考え方）を得ることができると期待される。

それでは，ストア派のコスモポリタニズムは，個人と特定のコミュニティの関係について何を主張しているのだろうか？　本書において私が取り組むのはこの問題である。ここで考察の簡単な展望を示しておきたい。ストア派内部にかなりの程度の多様性がありそれぞれの思想家によって異なる主張が発展させられたが，単純に言えば以下のようになる。ストア派は，全人類へと原理的には拡張されうる知者（と神々）のコミュニティを理想的な範型とし，そのようなコミュニティに個人は本来的には帰属していると主張した。そして，家庭や国家，仕事上の交際などのより狭い特定のコミュニティに対する義務を果たし，個人が人間として十分によく生きるためには，つねに普遍的な原理を参照することが必要だとしたのである。

---

41)　ディオゲネス・ラエルティオス『哲学者列伝』7. 33（＝SVF 1. 222/LS 67B）．

ストア派はこのように個人とコミュニティの関係の根本的な見直しを要求する思想である．本書を通じて，ストア派の主張の論理とその意義を明らかにしたい．

ストア派のコスモポリタニズム——先行研究

　1991年，スコフィールドによってストア派の政治哲学についての記念碑的な本，*The Stoic Idea of the City*（『国家についてのストア派の理念』）が出版された[42]．この本は多くの反響を呼び，現在でもこの分野の研究における必読書となっている．1999年に出版された第2版には，ヌスバウムが序文を寄せている．以下で引用する彼女の文章は，ストア派の政治哲学の特徴と歴史的重要性を簡明にまとめている[43]．

> 　ストア派が現代へ残した最も有名な遺産は，「自然法（natural law）」と「世界市民（world citizenship）」という相互に関連する考えである．ストア派以前には，ギリシアの政治思想の焦点はポリスだった．尊重と相互扶助の義務についての理論は，自分の所属するポリスの外側に住む人間に関しては発展しなかった．だがストア派は，私たちすべてが，理性と道徳的能力の価値ゆえに，単一のヴァーチャルな都市（a single virtual city）——この都市は道徳的で拘束力を持つ規則によって統治されており，諸国における実際の法律はこの規則に対して説明責任を負っている——の一員であると主張した．

　言い換えれば，ストア派の政治哲学を特別なものにしているのは，理性と道徳的能力を人間にとって本質的なものであると考えることによって，特定のコミュニティを超えた倫理的な規範とコミュニティの構築を目指す試みである．ヌスバウムが指摘するように，ポリスの外側の人間にかかわる規範の問題をプラトンやアリストテレスといった彼ら以前の重要な政治思想家は体

---

42)　Schofield (1991).
43)　Schofield (1999) xii.

系的な仕方で論じなかった。自然法思想と世界市民思想（コスモポリタニズム）に代表される，全人類に関わる規範とコミュニティを構築しようとする理論的運動の起源はストア派にあると言ってよい。

しかしながら，ストア派がどのような仕方で全人類に関わる規範とコミュニティを論じたのかという問題に，いまだ多くの解釈者たちが悩んでいる。一つには，セネカ[44]（前4-65年），エピクテトス[45]（55年頃-135年），マルクス・アウレリウス[46]（121-180年）などの後代のストア派の思想家を除いては彼らの著作が散逸してしまっているという困難がある。さらに，初期ストア派が，現代の自然法理論およびコスモポリタニズムと同一視することのできないような，かなり奇妙な主張をしているということも，解釈を難しくしている。すなわち，初期ストア派は，知者だけが市民であり自由人であると主張し[47]，また，ふつう私たちが法とか都市とか呼んでいるもの（たとえばソロンの法とアテナイ）は真の意味での法と都市ではなく，知者の法と都市こそがそれであると主張したと言われている[48]。

標準的な解釈によれば，ゼノンとクリュシッポス[49]に代表される初期ストア派は知者以外の一般大衆を倫理的な関係から排除しており，ストア派が全人類へと拡張されうる規範とコミュニティについて論じるようになったのはタルソスのアンティパトロス[50]（前130/129年死去）やパナイティオス[51]（前

---

44) ルキウス・アンナエウス・セネカ。ネロ帝の側近だったが，ネロ帝暗殺計画への関与が疑われて自殺を命じられた。思想家としてのみならず，劇作家としても後世に大きな影響を与えた。
45) エピクテトスは奴隷の出身だったが，ストア派の哲学者ムソニウスに学び，解放されて自由人となった後，哲学の教師となった。
46) マルクス・アウレリウスはローマ皇帝であり，五賢帝の最後の一人として知られる。公務のあいだに書かれた彼の『自省録』は，エピクテトスの影響を強く受けている。
47) ディオゲネス・ラエルティオス『哲学者列伝』7. 32-33（＝SVF 1. 259/LS 67B）；キケロ『アカデミカ前書』2. 136（＝SVF 3. 599）．
48) キケロ『アカデミカ前書』2. 136（＝SVF 3. 599）．引用文は本書 pp.35-36 を参照．
49) クリュシッポス（前279年頃-前206年頃）は，ゼノンの弟子だったクレアンテスに学び，クレアンテスの後を継いでストア派の指導者となった。ストア哲学の体系を洗練させ，「クリュシッポスなくしてストアなし」とまで言われた。後に「ストア派」として言及されるストア派の正統的な見解のほとんどは，クリュシッポスによるものである。
50) アンティパトロスの生涯についてはほとんど分かっていないが，バビュロニアのディオゲネスの後を継いでストア派の指導者となったこと，また，パナイティオスの教師であったことが知られている。

185年頃-前110/09年死去）以降の中後期ストア派からであるということになる[52]。したがってストア派とコスモポリタニズムおよび自然法思想の歴史を考えたとき，初期ストア派は大きな謎として立ち現れる。知者という概念を強調し一般大衆を倫理的な関係から排除する哲学から，全人類へ拡張されうる規範とコミュニティが存在すると主張する哲学が生まれた，というこの解釈は本当だろうか？　私の考えでは，初期ストア派が一般大衆を倫理的な関係から排除したという解釈は初期ストア派の奇妙な主張についての不十分な考察に基づいており，初期ストア派の政治哲学を再検討する必要がある。

以上で確認したように，初期ストア派の政治哲学はコスモポリタニズムの原形として重要であるが，その内実はまだ十分に明らかになっているわけではない。そこで，本書において私は初期ストア派の理論の再構築を試みたい。

本書の構成

初期ストア派の政治哲学を再構築するため，次のような仕方で議論を進める。

---

51) パナイティオスは，バビュロニアのディオゲネスとアンティパトロスのもとで哲学を学び，アンティパトロスの後を継いでストア派の指導者となった。ローマの軍人・政治家であるスキピオ・アエミリアヌス（前185-前129年）をはじめ多くの著名なローマ人と親しく交際し，ローマにストア派を普及させることに貢献した。
52) このような解釈を明確に主張している研究としては，つぎのものが代表的である。Brink (1955) 123-145, 137-141；Baldry (1965) 157-158, 165, 167, 177-186；Rist (1969) 193-194. たとえばBaltzly (2014)のように，一般的に言って，最近の研究は初期ストア派と中後期ストア派の差異についてより慎重であるが，全人類に関わる規範的な関係の議論は初期ストア派において発展させられなかったという解釈は依然として標準的である（たとえば，Sellars (2007)；Richter (2011)）。このような標準的な解釈への反論としてつぎの試みが挙げられる。Obbink (1999)は初期ストア派のクリュシッポスが宇宙をポリスであるとしていること，また宇宙には部分として愚者も含まれることを強調している。また，Vogt (2008)はObbink (1999)の議論をさらに発展させながら，ゼノンが宇宙は愚者も含めた全人類を市民とするポリスであると論じたと解釈している。だが，彼女（彼女以前にはTarn (1948)など）のようにプルタルコス『アレクサンドロスの運または徳について』329A-B（＝SVF 1. 262）の記述を根拠にしてゼノンが全人類を市民としたと解釈することの問題点は，すでにSchofield (1991) 105, Vander Waerdt (1994) 284. n. 51などによって指摘されている。後述するように (pp.57-60)，SchofieldとVander Waerdtに対するVogtの反論は妥当ではない。

第1章では，初期ストア派が知者と愚者の区別について，また人間の社会的な自然本性について何を主張しているのかという，基本的な問題について考察する。この作業を通じて，初期ストア派が知者以外の人間を倫理的な関係から排除したのではないということが明らかになる。その上で，つづく章で扱われるより個別的な問題を提起する。

第2章と第3章において，初期ストア派の重要な特徴である，知者のコミュニティに関する奇妙な理論を調査する。第2章においては，キティオンのゼノンの失われた著作である『国家』における，市民についての逆説的な主張（「ただよい人だけが市民であり自由人であり友である」）について，第3章においては，クリュシッポスによって論じられた「宇宙全体が一つのポリスである」という奇妙な主張について，それらの主張の意味内容と論拠を解明する。

第2章と第3章を通じて，初期ストア派の奇妙な主張の根幹には「法」という概念についての彼らの独特な理解があるということが明らかになる。そこで，第4章においては，「共通の法」あるいは「自然の法」と呼ばれる，普遍的な法の構造と内容について初期ストア派が何を主張しているかを分析する。

第1章から第4章までを通じて，初期ストア派は知者以外の人間を倫理的な関係から排除していないということを私は主張する。すると，中後期ストア派と初期ストア派の立場に違いはないのかという問題が生じる。そこで，第5章においては，初期ストア派とくらべて中後期ストア派が全人類に拡張されうる規範とコミュニティについてどのような新しい議論を行ったかを考察する。

結論において，以上のような仕方で再構築されたストア派の理論に基づき，特定のコミュニティへの愛着を全人類の利益のための手段にしているという，現代の過激なコスモポリタニズムに対する批判を乗り越えるための論点を示す。

ストア派とその時代

　ストア派の思想の分析に入る前に，ここでストア派の時代背景について簡単に説明しておきたい。

　ストア派の創設者ゼノンは，前334年頃，現在のキプロス島南岸にあったキティオンで生まれた。その年の大きな出来事はマケドニアのアレクサンドロス大王がグラニコス川の戦いでペルシア軍を破ったことであり，ゼノンはアレクサンドロス大王の活躍とその後のヘレニズム諸王国の繁栄の時代に生きた。そのため，国家や民族などにかかわらずあらゆる人間のあいだに倫理的な関係が存在するというストア派の考えは，しばしばアレクサンドロス大王によって引き起こされた地中海世界の急激な変化を反映していると説明されてきた。

　たとえばターンによれば，スサで行われたマケドニア人貴族とペルシア人女性のあいだの集団結婚に代表される民族融和政策が示すように，アレクサンドロス大王によるアジアの征服は諸民族の協和という夢に基づいていたのであって，彼こそがコスモポリタニズムの先駆者だったということになる[53]。またヘーゲル[54]およびバーリン[55]のストア派批判においては，アレクサンドロス大王とその後継者たちによる中央集権化は民主的かつ自足的である古典

53）　Tarn（1948）400.
54）　ヘーゲル『歴史哲学講義（下）』「こうして，人間は生活と縁を切るか，感覚的生活に全面的にのめりこむかのいずれかになる。皇帝の寵愛を得たり，暴力や遺産横領や策略によって快楽の手段を獲得することに力をかたむけるか，それだけが確固たる絶対的なものをあたえてくれるはずの哲学の世界に入りこんで安らぎを得るか，のいずれかになる。実際，当時の哲学体系は，ストア主義にしても，エピクロス主義や懐疑主義にしても，たがいに対立はしつつも，現実のしめす一切の事柄について精神を無関心たらしめる，という点では一致していた。」（長谷川訳（1994）159）。
55）　アイザイア・バーリン「二つの自由概念」『自由論』「真の自我という内なる砦に逃げ込んだ理性的賢者の概念がその個人主義的形態において現れてくるのは，ただ外部の世界がとくに圧制的で残虐かつ不正であることが明らかになったときのみであるかにみえるということは，おそらく一言ふれておくだけの価値はあるであろう。（…）おそらくギリシアの場合がそうであったであろう。そこにおけるストア派の理想は，中央集権的なマケドニアの独裁によるギリシアの独立的デモクラシーの没落と全く無関係ではありえない。」（小川晃一［ほか］共訳（1979）333）。

的なポリスの崩壊を招き，その結果当時の人々は外的な世界に対する無力感にとらわれ，そのような無力感あるいはあきらめから，外的な条件から切り離された個人の心の平安というストア派の理想が生まれたとされる．

しかしながら，古代地中海世界においてアレクサンドロス大王以降にそのような急激な変化が生じたという考えは，近年の歴史学の進展によって退けられている．

まず，ターンの理想化されたアレクサンドロス像の根拠であるプルタルコス[56]の証言は，少なくともアレクサンドロスの思想についての歴史的な資料としてあてになるものではない[57]．さらに，マケドニアの台頭が現実にもたらした変化についても，それらはそれほど革新的ではなかったということを近年の歴史学者たちは注意している．

民主制アテナイに代表される古典的なポリスの崩壊という点については，ピリッポス 2 世率いるマケドニアがアテナイとテバイの連合軍を破ったカイロネイアの戦い（前 338 年），あるいはアレクサンドロス大王の死後，マケドニア王アンティゴノス 2 世がアテナイとスパルタの連合軍を破ったクレモニデス戦争（前 267-261 年）によってギリシアの古典的なポリスが死に絶えたという見方に対して，ヘレニズムの諸王国およびローマによる支配の時代にわたり，諸ポリスは程度の差こそあれ自治権を保持し続け，民会やくじ引きによる官職の割り当てなどを特徴とする民主的な制度は大半のポリスに依然として存在していたということが指摘されている[58]．

民族融和政策について言えば，そもそもアレクサンドロス大王が征服したアケメネス朝ペルシアこそがすでに多民族の共存する多文化・多言語国家だったのであり，ペルシアの王たちが異民族を強圧的に隷属させていたというヨーロッパ中心主義的な見方は正しくないということが明らかにされている[59]．またギリシアにおいても，マケドニアが台頭するずっと以前からポリスの境界は揺らいでいた．すでにソロン（前 7-6 世紀）の時代から，アテナ

---

56) 46 年頃-120 年頃．『対比列伝』の作者として有名だが，プラトン主義の哲学者でもあり，多くの著作においてストア派を批判している．
57) Baldry (1965) 113-127.
58) Graham (2000) 35.
59) Briant (2003).

イはそのときどきの社会的・政治的情勢に応じて外部の人間（外国人居留民や奴隷）に新しく市民権を与えたりあるいは特定の市民たちから市民権を奪ったりすることを繰り返してきた。たとえば、アテナイの市民権を両親ともにアテナイ市民である者に制限するというペリクレスによる法律（前451年頃）も長続きせず、その数年後にはプラタイア人に、さらにサモス島の住民たちにアテナイの市民権が与えられた。また、公的な活動への参加を5000人以下に制限した寡頭制政権の崩壊後（前411年）、数人の奴隷も含めた多数の人間が新たに市民として認められた[60]。

以上のような歴史学の成果を踏まえるならば、ストア派の思想は社会の急激な変化の反映というよりはむしろ、ギリシアにおいてずっと存在していた、ポリスの境界という問題（あるいは誰が適切な市民であるかという問題）についての一つの応答として捉えられるべきだろう。

当然、この問題についてストア派以前の知識人たちが無反応だったわけではない。ストア派の思想はそれ以前の思想と無関係に生じたのではなく、リクター[61]が論じたように、それはストア派以前の知識人たちのこの問題に関する議論の蓄積の上にあると考えるべきである。たとえば、プラトンの『メノン』には、テッサリアからやって来た貴族のメノンと、アテナイで生まれたという土着性が徳の必要十分条件であると説くアテナイの民衆政治家のアニュトスという二人の登場人物が対比される。さらにこの対比に、奴隷の少年も知性を有するというソクラテスの主張が加わって、高貴な家柄と土着性の両方が、有徳性、すなわち適切な市民の条件として疑わしいものとされている[62]。

プラトンのこの有名な議論の他にも、ポリスの境界についてのさまざまな論が交わされていたことが分かっている[63]。たとえば、プラトンはいくつかの箇所で「ギリシア人」と「異民族（バルバロイ）」の区別を強調している[64]。プラトンの弟子のアリストテレスは、自由人と奴隷の区別が自然的であると

---

60) Cohen (2009) 63–70.
61) Richter (2011).
62) Idem 33.
63) ここで示した例について、Richter (2011) においてより詳しく論じられている。
64) プラトン『国家』470C；『法律』692E–693A.

序　章　現代と古代のコスモポリタニズム

いう悪名高い議論をし[65]、在留外国人をポリスの秩序への脅威であるとした[66]。弁論術の領域では、イソクラテス[67]（前436-前338年）とデモステネス[68]（前384年頃-前322年）が「ギリシア性」について活発に論じた。イソクラテスは『民族祭典演説』[69]（前380年）において、人は生まれによってではなく教養によってギリシア人と呼ばれるとして「ギリシア人」と「異民族」の伝統的な区別をより柔軟なものにした[70]。他方で、デモステネスはマケドニアへの徹底抗戦を訴える『ピリッポス弾劾第三演説』[71]（前341年）において、自分たちは英雄ヘラクレスの血を引くギリシア人であるという、ピリッポスらアルゲアス朝の王たちの古くからの主張[72]を否定し、ピリッポスを含めてマケドニア人はギリシア人ではないと論じた。

　キティオン出身のゼノンが外国人としてアテナイにやってきたとき、すでにこれらの「貴族-平民」、「市民-外国人」、「自由人-奴隷」、「友-敵」、「ギリシア人-異民族」といった線引きは議論の的となっており、それに関する語彙や論拠は準備されていた。おそらくこれらの線引きへの疑問が、ゼノンのなかで「有徳な人間だけが市民（そして友人、自由人）である」という主張に結実したのだろう。

　したがって、ストア派の理論をヘレニズム時代におけるポリスの崩壊や人々の無力感の産物として説明するべきではなく、個人と特定のコミュニティの関係という現代においても重要な問題についての、プラトンその他の

---

[65]　アリストテレス『政治学』1. 2. 1252a-b.
[66]　Idem 7. 6. 1327a, 7. 12. 1331a-b.
[67]　イソクラテスは修辞学者で、アテナイに修辞学の学校を設立した。
[68]　デモステネスは弁論家で、アテナイにおける反マケドニア活動の中心的な人物だったが、マケドニア軍によって自殺に追い込まれた。
[69]　『民族祭典演説』50.
[70]　ただしRichter（2011）102-103において注意されているように、イソクラテスの意図は異民族を受け入れることではなく、アテナイを中心としたギリシア世界を提示することだった。
[71]　『ピリッポス弾劾第三演説』9. 30-31.
[72]　ヘロドトス（『歴史』8. 137-139）が、ヘラクレスの子孫のペルディッカスがアルゲアス朝の王たちの先祖であるという伝説を伝えている。また、アレクサンドロス1世（前498年頃-前454年）がオリュンピアの競技会に参加した際、ギリシア人ではないとして他の競技者たちから除外されそうになったが、アルゴスの血統を証明して参加したという話も伝えられている（『歴史』5. 22）。

ギリシアの知識人たちによる議論を踏まえた思索として再検討するべきである。

　以上の予備的な考察を踏まえて，ゼノンは何を論じ，それがストア派の思想家たちによってどのように引き継がれたのか，そして彼らの議論は現代に生きる私たちに何を示唆してくれるのか，これらについて順次明らかにしていきたい。

第 1 章

知者と愚者，人間の社会的自然本性

　本章では，初期ストア派が人間どうしの倫理的な関係についてどのように論じたのかを考察する。このことを考えるうえで，初期ストア派における「知者」(「よい人」あるいは「有徳な人」と言われることもある) 以外の人間，要するにふつうの人の扱われ方が大きな問題となる。

　前述のように，標準的な解釈によれば，全人類に関わる倫理的な関係についての理論を初期ストア派は発達させておらず，それは紀元前 2 世紀以降の中後期ストア派[1]において発達させられた，ということである。単純化すれば，初期ストア派の倫理学において，たしかに国境を越えた知者たちの協調が説かれたが，他方で理性において劣っている者たち (つまり人類の大多数を占める一般大衆) は知者たちの協調の輪から排除された，というのが標準的な解釈である[2]。

　そのような解釈の根拠として，主に二つのことが挙げられている。

　第一の根拠は，初期ストア派において知者と愚者，すなわち有徳な人間と悪徳の人間の区別が非常に強調されていたということである。ゼノンを含むストア派一般において，人間は有徳な人間 (すなわち知者) と，悪徳の人間 (すなわち愚者) の二種類に分類される[3]。中後期ストア派と比較して，初期ストア派においては，知者ではない人間がいかに惨めで敵意に満ちた存在である

---

1) 中後期ストア派については本書の第 5 章を参照。
2) Baldry (1965), Brink (1955).
3) ストバイオス『精華集』2. 7. 11g (＝SVF 1. 216)：「ゼノンとゼノンの後継者であるストア派の哲学者たちは，人間の二つの種族，すなわち，よい人間の種族と劣悪な人間の種族が存在すると主張した。」

かということが強調された[4]。たとえば，ゼノンの弟子であるクレアンテス[5]の詩[6]において，愚者は，「あるいは闘争的な熱情を名声に対して持ち，あるいは調和なく悪だくみに心を傾け，あるいは放蕩や肉体に快いものへと向かう」と言われている。とくに，ゼノンが『国家』において，知者だけが「市民であり，友であり，自由人であり，身内である」が，知者でない人間は，たとえ血縁関係にあっても互いに「かたきであり，敵であり，奴隷であり，よそ者である」と述べたという証言[7]は，初期ストア派が知者以外の人間を倫理的な関係から排除したことの重要な証拠とされている[8]。知者と愚者の区別についての初期ストア派のこのような主張は，この解釈を取る論者たちの言葉を借りれば，知を持たない一般大衆は「いかなる程度の徳にも協調にも与ることができない」[9]とか「世界国家の平和を乱す」[10]というような，極端なエリート主義を意味しているように見える。

　第二の根拠は，ストア派による人間の社会的な自然本性の論にかかわる。ストア派は他者に対する正義の端緒が人間に生まれつきそなわると主張したとされるが，ゼノンからクリュシッポスまでの初期ストア派がこのように主張したと明言する資料は乏しい。このような資料の状況に基づいて，ブリンク[11]は，「(他者への) 親近化」という専門用語によって語られる，他者への倫理的な配慮についてのストア派の有名な理論は，初期ストア派においては十分に発達させられず，むしろ中後期ストア派において初めて，全人類を倫理的な配慮の射程に含む理論として成立したと主張している (ブリンクの主張について詳しくは本章 2 節を参照)。

　以上のような，初期ストア派を極端なエリート主義とする解釈を反駁することが，本章の目的である。そのため，本章において，知者と愚者の区別，

---

4) Baldry (1965) 157.
5) クレアンテス (前 330 年頃–前 230 年頃) は，ゼノンの弟子で，ゼノンの跡を継いでストア派の学校の指導者となった。
6) ストバイオス『精華集』1. 1. 12 (＝SVF 1. 537/LS 54I).
7) ディオゲネス・ラエルティオス『哲学者列伝』7. 32–33 (＝SVF 1. 259/LS 67B).
8) Baldry (1965) 157；Brink (1955) 137–138.
9) Baldry (1965) 181.
10) Brink (1955) 138.
11) Idem 123–145.

および，人間の社会的自然本性という，二つの点について初期ストア派が何を論じているのかを探求する。この探求によって，1. 初期ストア派における知者と愚者の区別は，知者以外の人間に関する倫理的な関係についての理論を発達させる妨げにならないということ，また，2. 初期ストア派は人間の社会的な自然本性について，知者以外の人間との倫理的な関係を認める程度にまで発達した議論を提供したこと，が明らかになるだろう。

1　知者と愚者

1-1　知と無知，徳と悪徳

　上述のように，ゼノンが『国家』で述べたとされる「知者だけが市民であり，友であり，自由人であり，身内である」という命題を正確に解釈することが，初期ストア派における知者と愚者の区別を理解するための鍵である。ゼノンのこの命題を考察するために，まず必要なのはこの命題における「知者」の意味を正確に理解することである。

　ストア派の知（σοφία）の定義についての最も完全な説明は，偽プルタルコスのつぎの文章（アエティオス『哲学者たちの自然学説誌』第1巻序2に由来すると考えられている）において保存されている。

偽プルタルコス『哲学者たちの自然学説誌』874E（＝SVF 2. 35/LS 26A）.

> 　ストア派はつぎのように述べた。知とは神々に関する事柄と人間に関する事柄についての知識〈ἐπιστήμη〉であり，他方，哲学とは〈自然に〉適合したもの[12]に関わる技術〈τέχνη〉の訓練である。また，徳〈ἀρετή〉は，一つであり最高位のものとしては，適合したものであり，最高位の類としては，三つのものである――すなわち，自然学の徳，倫理学の徳，論理学の徳である。この理由によって，哲学もまた三つの部分を持つ――すなわち，自然学の部分，倫理学の部分，論理学の部分である。自然学は，われわれ

---

12)「適合したもの〈ἐπιτηδείου〉」の訳については解釈が分かれるが，Brouwer（2014）が提案するように，「自然に適合したもの」と私は解釈する。

が世界と世界のなかにあるものについて探求する場合の部分であり，倫理学は人間の生活について従事する部分であり，論理学は言論について従事する部分であり，彼らはこの部分を問答法とも呼んでいる。

　ストア派が知をどのようなものとして考えたかということについて，この文章からつぎのことが分かる。まず，知は知識（ἐπιστήμη）であると明確に言われている。このことは他の断片でも言われており[13]，これをストア派の基本的な主張であると考えて問題ない。つぎに，この主張ほど明らかではないが，哲学，すなわち知を愛することが，自然学，倫理学，論理学の三つに区分されると言われていることから，知であるところの「神々に関する事柄と人間に関する事柄についての知識」とは，より具体的には自然学，倫理学，論理学の知識であると考えられる。

　知についてのさらに詳しい理解は，知識（ἐπιστήμη）についてのストア派の説明を考察することで得られる。ストア派の知識の説明についての最も詳しい[14]報告は，ストバイオス[15]によって保存されている。

ストバイオス『精華集』2. 7. 5l （＝SVF 3. 112）．

　　知識は，堅固で，言論によって揺らぐことのない把握である。また別の観点では，知識は複数の知識——すなわち，よき人において存在する，個々のものについての理性的な知識——からなる体系でもある。また，知識は，複数の技術的な知識からなり，それ自体として確実である——ちょうど徳がそれ自体として確実であるように——体系でもある。また，知識は，言論によって揺らぐことのない，表象を受け入れる状態〈ἕξις〉でもあり，この状態は，彼ら〈＝ストア派〉によれば，緊張と力のうちに存立する。

13）　セクストス・エンペイリコス『学者たちへの論駁』9. 123 （＝SVF 3. 1017）．
14）　たとえば，SVF 1. 68に，部分的な説明を与えるその他の複数の文章が収録されている。
15）　5世紀頃盛年。500人近くのギリシアの著作家たち（詩人，歴史家，政治家，哲学者など）からの引用をテーマごとに配列した『精華集』の作者。彼自身の生涯についてはよくわかっていない。『精華集』は，ここでしか確認することのできない断片を多く含み，ストア派などの，現代では失われた思想を再構築するための重要な手がかりである。

この報告において知識の四つの局面が説明されている。すなわち，1. 堅固な把握　2. 理性的な知識からなる体系　3. 技術的な知識からなる体系　4. 堅固な状態の四つである。それぞれの意味について簡単に説明しよう。第一の意味において，知識はある対象についての個々の認識として考えられている。ストア派において，把握的表象に対する同意——より一般的な言葉で言えば，ある対象の，それが実際にあるとおりに型取られた表象（あるいはそのような表象に対応する命題）を，真であると考えること——は，把握と言われる[16]。この把握は，揺らぐことのない「堅固な」把握であるか「弱い」把握であるかのどちらかであり，前者は知識，後者は臆測（δόξα）と呼ばれる[17]。知識がどのような意味で堅固であるのかは，知識の第二，第三の意味を参照すれば理解される。すなわち，個々の認識の堅固さの根拠は，それらの背後にある知識の整合的な体系[18]である。ストア派においては，この知識の体系もまた知識と呼ばれるのである。さらに，知識の堅固さを物理的に説明するとき，第四の定義が要請される。表象を受け入れる，緊張と力のうちにある状態とは，すなわち魂——ストア派によれば魂は物体である——の，不変的な性状（διάθεσις）[19]である[20]。

したがって，ストア派において知とは，自然学（世界と世界のなかにあるもの），倫理学（人間の生活），論理学（言論）についての堅固な把握（1），そして堅固な把握からなる体系（2，3），さらに，それらの堅固さに物理的に対応する魂の性状（4）を意味する。ストア派による知の定義において強調されることの多い「体系的である」という点を強調してより分かりやすく言い換えれば，要するに，「知」とは，個人の魂において定着している，物理的世界，価値および論理についての真である信念の整合的な体系である。

ストア派における以上のような知についての考えを考慮すると，ストア派

---

[16]　セクストス・エンペイリコス『学者たちへの論駁』7. 150-153（＝SVF 2. 90/LS 41C）etc.
[17]　ストバイオス『精華集』2. 112. 1-5（＝SVF 3. 548）etc.
[18]　複数の把握が人生の目的のために相互に協同する一つの整合的な体系を構成するということは，SVF 1. 73 に収録されている，技術についての複数の文章において詳しく述べられている。
[19]　ἕξις と διάθεσις の違いについては，LS vol. 1. 376 などを参照。
[20]　プルタルコス『倫理的徳について』440E-441D（＝SVF 1. 202/LS 61B）.

において愚者，すなわち悪徳の人間とは，堅固で体系的な知を持っていない人間を基本的に意味するのであって，いかなる程度においても他者との協調が不可能であるような，あるいは社会の平和を乱すような，反社会的な人間を必ずしも意味するのではないだろう。このことは，ストア派が人間の倫理的な向上を認めたことからも裏づけられる。ストア派は，知（徳）と無知（悪徳）の中間はなく，知者以外のあらゆる人間は不幸であると主張する一方で，まだ知者ではない人間が向上し徳に近づくことができる——ちょうど，溺れている人のなかには海面からわずか数センチ沈んでいる人も何百メートルも沈んでいる人もいるが，両者ともに，溺れていることには変わりがないように——ということを認めていた[21]。つまりストア派において知者以外の人間は，堅固で体系的な知を持つまでには至っていないが潜在的には知者になることができる人間として，考えられていたのである。

したがって知と倫理的な向上についてのストア派の主張を考慮すると，初期ストア派が知者以外の人間を倫理的な関係から完全に排除したという解釈はあまり説得的ではない。

それでは，初期ストア派が知者以外の人間を倫理的な関係から排除したことの決定的な証拠とされている，「知者だけが市民であり，友であり，自由人であり，身内である」という命題をどのように解釈するべきだろうか？

1-2 「知者だけが X である」

「知者だけが市民であり，友であり，自由人であり，身内」であり，知者以外の人間は「かたきであり，敵であり，奴隷であり，よそ者である」という，ゼノンによる奇妙な命題は，前述のように，初期ストア派において知者以外の人間との倫理的な関係が論じられなかったという，エリート主義的な

---

[21] プルタルコス『共通観念について』1063A（＝SVF 3. 539/LS 61T）:「だが，海面からわずか1ペキュス〈＝約40cm〉沈んでいる人が海面から500オルギュイア〈＝約900m〉沈んでいる人と同じように息ができないように，徳へと近づいている人は徳から遠く隔たっている人と同じように悪徳のうちにとどまっている。また，目が見えない人は，たとえあと少しの時間でまた目が見えるようになるだろうとしても，目が見えない人であるように，向上している人も，徳を手に入れるまでは，無知で劣悪であることにとどまっている。」他に，キケロ『善と悪の究極について』4. 21（＝SVF 3. 532）などで同様のことが言われている。

解釈の重要な根拠とされている。しかしながら，このような解釈をとる論者も認める通り[22]，クリュシッポスはすべての人間のあいだに協同関係が存在すると考えていたようである[23]。また，知者以外の人間は必ずしも反社会的な人間であるわけではなく，潜在的には知者になる可能性のある人間として考えられていたということを先ほど明らかにした。では，先のゼノンの命題は，本当に初期ストア派が知者以外の大多数の人間を倫理的な関係から排除したということを示唆するのだろうか？

　この問題の手がかりとなるのは，政治的に重要な概念あるいは言葉，たとえば「勇気」，「政治家」，「法」などについて，これらが本当は何を指すべきであるのかを決定しようとするソクラテス的な試みである。プラトンが（そしておそらくソクラテスも）取り組み，ストア派によって継承されたこの試みについて，以下でバーニィ[24]による説明を見てみよう。

　バーニィによれば，プラトンは言葉の慣習的な使い方を理性によって批判するべきだと主張した。言葉の正しくない使い方として，プラトンは以下のような例を挙げている[25]。「バルバロイ（異民族）」という言葉は，実際には互いに異なる人々を，ギリシア人ではないというだけで，あたかも一つの種族であるかのようにまとめており，この言葉を使って人間を「ギリシア人」と「バルバロイ」へと分類することは哲学的な探求の誤った方法である[26]。プラトンはさらに，学問の領域においてだけでなく，政治の領域においても言葉の正しくない用法を問題とした。たとえば，もし政治家が，敵軍を防ぐために馬を手に入れるようにと大衆に演説し，そして政治家も大衆も「馬」という言葉で実際には耳の長い家畜，つまりロバを指しているならば，破滅的な結果になるだろう[27]。この「馬」と「ロバ」の取り違えのような言葉の

---

[22]　Baldry（1965）164-165.
[23]　キケロ『善と悪の究極について』3. 67（＝SVF 3. 371/LS 57F）：「彼ら〈＝ストア派〉は，正義の紐帯が人間同士のあいだには存在するのと同様の仕方で，人間にとって動物に対するいかなる正義も存在しないと考えている。というのもクリュシッポスがうまく言っているように，他の動物は人間と神々のために生まれたが，人間と神々は彼ら自身の共同体と協同関係のために生まれたのであり〈…〉。」
[24]　Barney（2001）.
[25]　以下の具体例とその解釈について，より詳しくは Barney（2001）を参照。
[26]　プラトン『政治家』262D.

誤用が,「勇気」や「政治家」などの政治的に重要な概念についても生じうるということを,プラトンは指摘したのである。たとえば,無知であるがゆえに恐れを知らないでいることを「勇気」と呼ぶのは,「勇気」は徳でありよいものである以上,誤っているのである[28]。それでは「勇気」や「政治家」という言葉は,本当は何を指すべきなのか? プラトンによれば,これらの言葉は何らかの知識に関連づけられなければならない。すなわち「勇気」は無謀さを指すべきではなく,本当は,「恐ろしいものとそうでないものについての,正しい,法に適った信念をあらゆる場合に保持すること」を指すべきであり[29],「政治家」は,実際に政治家の地位についているかいないかとは無関係に,「政治家にふさわしい知識」をもつ人こそを指すべきなのである[30]。

バーニィが「厳密な意味のプロジェクト」と呼ぶ,おそらくソクラテスに遡る[31]プラトンのこの試みを,ゼノンがより先鋭化させた結果,ゼノンの奇妙な命題を含めた一連の「知者だけが X (「市民」「神官」「友人」「王」「富者」など)である」というストア派の主張が生まれた,というのが私の賛同する解釈である[32]。(以下,この解釈を,慣習による言葉の誤用を修正すべきであるというこのソクラテス的試みにちなんで「修正主義的解釈」と呼ぶ。)

この修正主義的解釈によれば,「知者だけが市民であり,友であり,自由人であり,身内」であるという奇妙な命題をゼノンが主張した目的は,プラトンと同じように,「市民」「友」「自由人」「身内」などの言葉を知識への参照を含む仕方で再定義することによって,これらの言葉が本当は何を指すべきかを決定することだった,ということになる。私がこの解釈を支持する理

---

27) プラトン『パイドロス』260B–D.
28) プラトン『ラケス』192C 以下.
29) プラトン『国家』430B.
30) プラトン『政治家』259A–C.
31) クセノポン『ソクラテスの思い出』3. 9. 10 において,ソクラテスは以下のように語ったとされる。「王や支配者とは王笏を持つ者ではなく,群衆によって選ばれた者でもなく,くじに当たった者あるいは暴力や策謀を用いて王になった者でもなく,支配することを知っている者 (ἐπισταμένους) である。」
32) Barney (2001) 14. n. 23 において,「知者だけが X である」というストア派の一連の命題はこのようなソクラテス的試みの激化であると短く指摘されている。Barney のこの考えに従って,Vogt (2008) はストア派の一連の命題を詳しく分析した。

由は以下の三つである。

　まず，クリュシッポスが『ゼノンが言葉を厳密な意味で用いたことについて』という本を書き，その中で，知者たちが王であるという主張の理由として，「支配者は善と悪について知っていなければならない」と述べたと報告されている[33]。この報告は，ゼノンによる「知者だけがXである」という主張が言葉の厳密な意味に関わるものであるということを示唆している。

　また，ストア派の主張の内容もこの解釈を裏づけている。この解釈を採用するフォクト[34]が指摘しているように，「知者だけがXである」というストア派の知者についての一連の主張は，Xという性質を何らかの形で知識に関連づけることによって論証されている。たとえば，いま見たように，「知者だけが王である」という主張の根拠として，支配者は善と悪についての知識を持っていなければならないということが言われるし[35]，「知者だけが予言者である」という主張の前提として，知者だけが神々から送られる合図を判断する知識を持っているということが用いられる[36]。「友」という言葉も，協調という概念を共通の善についての知識として再定義することによって，知識に関連づけられている[37]。

　さらに，「知者だけが市民である」「知者だけが自由人である」という主張が報告されている文脈も，この解釈にとって有利である。これら二つの主張は，上で見たゼノンの『国家』の批判において言及されているだけでなく，「知者だけがXである」という形式を取る主張の一種としても報告されている。キケロはストア派を批判して，次のように述べている。

キケロ『アカデミカ前書』2. 136（＝SVF 3. 599）（下線は引用者による）．

　　彼ら〈＝クセノクラテスやアリストテレス〉がいつ，知者だけが王であるとか，知者だけが富者であるとか，知者だけが美しいとか言っただろう

---

[33]　ディオゲネス・ラエルティオス『哲学者列伝』7. 122（＝SVF 3. 617/LS 67M）．
[34]　Vogt（2003）chap. 3. 2–3 を参照．
[35]　Idem 7. 122（＝SVF 3. 617）．
[36]　ストバイオス『精華集』2. 7. 11s（＝SVF 3. 605）．
[37]　Idem 2. 7. 11m（＝SVF 3. 630）．

か？　あらゆる場所のすべてのものが知者のものだと言っただろうか？　知者でなければ誰も，執政官でもなく，法務官でもなく，司令官でもないとか，あるいは，もしかすると，いかなる官職にもついていないとか言っただろうか？　あげくの果てに，<u>知者だけが市民であるとか，知者だけが自由人である</u>とか，すべての愚者は外国人であるとか，追放者であるとか，奴隷であるとか，さらには狂人であるとか言っただろうか？　リュクルゴスやソロンの立法も，われわれの十二表法も法ではないとか，都市も国家も，知者のそれでなければ存在しないとか，言っただろうか？

　キケロのこの文章から明らかなように，「知者だけが市民であり，友であり，自由人であり，身内」であるというゼノンの『国家』における命題は，「美しい」「執政官」「法」「国家」などの政治的に重要な概念の通常の意味を批判し，知識に関連づけて再定義するプロジェクトの一部なのである。

　したがって，「知者だけが市民であり，友であり，自由人であり，身内である」というゼノンの命題は，私たちの言葉の使い方，あるいは言葉を通じたこの世界についての私たちの理解を修正しようとするものだったと考えられる。すなわち，この命題の意味するところは，慣習的な意味での「政治家」であるかどうかとは無関係に，政治家にふさわしい知識のある人こそが本当は「政治家」として考えられるべきであるのと同じように，慣習的な意味での「友」(や「市民」など)であるかどうかとは無関係に，知者こそが本当は「友」として考えられるべきであるということである。

　この命題がこのように言葉の規範的な意味に関わるものであるということから，何が言えるだろうか？　フォクトのように，このことを理由にして，ゼノンは言葉の再定義をつうじて知者にそなわる知識が何であるのかを説明しようとしただけであって，現実社会の変革を意図しながら知者だけを「市民」や「友」とするようなコミュニティを構想したのではない，と結論すべきではないだろう[38]。なぜなら，もし，私たちが愚者を市民や友として考え

---

[38] Vogt (2008), 77-78. Vogt はゼノンが知者のコミュニティを構想しなかったとする別の理由として，ゼノンが実際に知者を神官にすることは知者の希少性のために不可能だと想定していただろうということを挙げているが (78. n. 27)，完全に達成することは不可能な理想を現実の是正のためにゼノンが構想したとしても不思議はないだろう。この点についてより詳しくは，本書の2章を参照。

ているという事態が，プラトンの指摘する馬とロバの取り違えのようなものならば，ゼノンのこの命題は，ロバではなく馬を戦争で用いるべきであるのと同様に，愚者ではなく知者を「市民」や「友」として扱うべきであるという，現実社会における愚者の排除を求める提案だということになるだろうからである。

　私が思うに，むしろゼノンのこの命題は以下のようなことを指摘しているのではないだろうか。すなわち，私たち愚者は今のところ不完全な，あるいは潜在的な「市民」や「友」でしかないということ，そして私たちは哲学的な探究によって知識を得て，厳密な意味での「市民」や「友」にならなければいけないということ，である。というのも，愚者と知者は，ロバと馬のように異なった種族ではなく，先に愚者の向上についてのストア派の考えを確認したように，愚者は知者へと変わることができるからである。

　このように，この命題を愚者に知的な向上を勧告する規範的な命題として解釈すれば，初期ストア派が愚者に対する倫理的な関係を否定したりその考察を放棄したりしたと考える必要はない。むしろ，潜在的な市民や友として，知者以外の人間との倫理的なかかわりが重視されたと考えるほうが理に適っている。実際，クリュシッポスは，友情において時には過ちを見逃すことが必要だと主張し[39]，また，誰かに恩恵を与える場合に，ちょうどキャッチボールのように，未熟な相手には相手が受け取りやすいように注意しなければならないと述べている[40]。初期ストア派において知者以外の人間との友情や互恵関係の存在は認められ，そればかりか積極的に考察されたと考えるべきだろう。

　以上のことから，ストア派が「知者だけが市民であり，友であり，自由人

---

39)　プルタルコス『ストア派の自己矛盾について』1039B（＝SVF 3. 724）.
40)　セネカ『恩恵について』2. 17. 4（＝SVF 3. 725）:「私たちのクリュシッポスによる，ボール遊びのたとえを使おう。〈…〉もし熟練して上手な人と遊ぶなら，私たちはもっと大胆にボールを投げるだろう。ボールがどんなふうに飛んでこようとも，相手の手は容易に素早く投げ返してくれるだろうから。だが，未経験で下手な人が相手なら，そんなに強く激しく投げないで，相手の正面へゆっくり行って彼の手へとやさしく投げるのである。恩恵の場合も，同じようにしなければならない。」

であり，身内である」と主張するとき，彼らが知者以外の人間を倫理的な関係から排除しているのではないということが明らかになった。つぎに，標準的な解釈のもう一つの根拠，すなわち，初期ストア派が人間の社会的な自然本性についての理論を発達させなかったという解釈について調べてみよう。

2　親近化の理論——正義の原理[41]

　ヘレニズム期の哲学において，人間の自然本性を「親近化 (οἰκείωσις)」，あるいは「親近関係 (οἰκειότης)」という概念によって論じる理論が発展した。後述のように，自分の身体に対する配慮が理性に対する配慮へと発達するという，「自己に対する親近化 (personal oikeiôsis)」の理論と，親が子どもに対して抱く配慮が全人類に対する配慮へと発達するという，「他者に対する親近化 (social oieiôsis)」との，二種類の親近化の理論がストア派によって論じられたということが確認される。他方，アリストテレスの後を継いで学園の指導者となった，ペリパトス派の哲学者テオプラストス（前 371 年頃-287 年頃）によって，全人類と，さらに動物までをも対象とする親近関係の理論が論じられたということがわかっている[42]。

　初期ストア派が知者以外の人間との倫理的な関係を否定したという解釈は，親近化と親近関係の理論についてブリンク[43]によって提案された，つぎのような解釈を根拠としている[44]。親近化は自己に対する配慮を意味し，人間の内面的発達（身体に対する配慮から理性に対する配慮への発達）を説明するためにストア派において用いられた概念である。他方で親近関係は，生物間（人間どうし，あるいは人間と動物）の，客観的に観察可能な親近関係を説明するためにペリパトス派によって考案された概念である。もともと二つの概念

---

41)　本節は，川本 (2014) を加筆，修正したものである。
42)　ポルピュリオス『肉断ちについて』2. 22. 1（= FHSG F584A）.
43)　Brink (1955) 123-145.
44)　Baldry (1965) 177-179 は，Brink (1955) には言及していないが，ストア派とペリパトス派の思想が混合した結果，中後期ストア派において親近化の対象は全人類を含むまでに拡張されたという，Brink (1955) と同様の主張をしている。

はそれぞれの学派において別々に論じられていたが、後につぎのようにして混合が生じた。ストア派は、ゼノンが理想国家において愚者を排除したという批判を受けて、ペリパトス派のテオプラストスによって提唱された親近関係の理論を親近化の理論へ接ぎ木することで自分たちの倫理学を補強しようとした。まず、初期ストア派のクリュシッポスにおいて、親近化の対象の範囲は自己から自分の子孫へと拡張された。さらに、中後期ストア派においては、親近化は全人類へと拡張されるに至った。

要するにブリンクによれば、初期ストア派の親近化の理論は知者以外の人間との倫理的な関係の根拠を提供することができなかったが、中後期ストア派はペリパトス派の教説を取り入れて全人類に対する親近化を認め、そのおかげで知者以外の人間との倫理的な関係について論じることができるようになった、ということになる。

この解釈を支えているのは、ストア派における親近化の理論に関する次の二つの想定である。第一に、ストア派による自己に対する親近化の理論は、知者以外の人間に対する倫理的な関係の根拠を提供することができていないということ。第二に、ストア派による他者に対する親近化の理論において、親近化の対象は、クリュシッポスにおいて親子間に限定されており、また、ゼノンとクレアンテスにおいては、そもそも他者に対する親近化の理論が論じられていないということ。

これらの想定は正しいだろうか？ 以下で私はこれらの想定を検討し、反駁したい。まず自己に関する親近化の理論について、つぎに他者に対する親近化の理論について取り組む。

2-1 自己に対する親近化

（1）理論の紹介

「自己に対する親近化」とは何か？ 初期ストア派の、自己に対する親近

---

45) 3世紀頃盛年。哲学者たちの言行を伝える『哲学者列伝』の作者という以外、彼の生涯についてわかっていない。『哲学者列伝』は、ストア派などの、今日では失われてしまった古代哲学について偏見をまじえずに伝える貴重な資料であり、本書もディオゲネスの報告に多くを負っている。

化の理論について，ディオゲネス・ラエルティオス[45]の『哲学者列伝』とキケロの『善と悪の究極について』が比較的まとまった説明をしている。ディオゲネスの説明のほうが簡潔であるし，クリュシッポスの著作にはっきりと言及している。そこで，まずディオゲネスの文章を引用し，補足としてキケロの文章を用いることにする。

ディオゲネス・ラエルティオス『哲学者列伝』7. 85-86（＝SVF 3. 178/LS 57 A）．（下線による強調は引用者による）

> 彼らによれば，動物は自己を保存することへの第一の衝動を持っている。というのも，クリュシッポスが『目的について』第一巻において述べているように，自然は初めから動物を自分自身にとって親近なものにするからである。すなわち彼は「あらゆる動物にとって最初の親近なものは自己の成り立ちとそれについての意識である」と言っている。なぜなら，彼が言うには，自然が動物を自分自身にとって疎遠なものにしたということはありそうにないし，自然が動物をつくっておきながら，疎遠なものにも親近なものにもしなかった，ということもありそうにないからである。したがって，自然は動物を形づくったときに，動物をそれ自身に親近なものにした，と主張する他ない。実際，それゆえに，動物は，害をなすものを拒絶し，親近なものを受け入れるのである。〈…〉そしてさらに，動物に衝動がつけ加わると――動物は衝動を用いて親しいものへと向かって移動する――動物にとって「自然に即している」ということは，「衝動に即して治められている」ということである。そして，より完全な〈自然の〉支配のおかげで，<u>ロゴス的な存在者にロゴスが与えられると，「ロゴスに即して正しく生きる」ことが，ロゴス的な存在者にとって「自然に即している」ということになるのである。</u>というのも，このロゴスは衝動を取り扱う技術者として後から生じるからである[46]。

以上の説明において，人間にとって自己に配慮して生きること，すなわち

---

46) 人間は生まれたときに魂の特定の部分を言わば白紙として持っており，成長するに従ってロゴスが成立する。この点については偽プルタルコス（アエティオス）『哲学者たちの自然学説誌』900B（＝SVF 2. 83）を参照。

「自然に即している」ことは,「ロゴス（理性）に即して正しく生きる」ことに他ならないという主張が,人間以外の動物を含めた生物学的な観察と目的論的な自然観を根拠にして述べられている。

「ロゴスに即して正しく生きる」とは,より具体的にはどのような生き方であるのか？ 自己に対する親近化の理論が知者以外の人間との倫理的な関係の根拠を提供するか否かを判断するためには,この点を明らかにしなければならない。キケロの報告を見てみよう[47]。

キケロ『善と悪の究極について』3. 21（＝SVF 3. 188）.（下線による強調は引用者による）

> 人間の第一の親近化は,自然に即したものに対して向けられる。だが人間が理解を——あるいはむしろ彼らが ἔννοια と呼ぶところの「観念」——を獲得し,行為の秩序,そしていわば協和というものを見て取るようになるとすぐに,<u>この秩序と協和を,彼が以前に愛したすべてのものよりもはるかに大きく評価するようになる。そして認識と推論によって,そこにこそ,それ自体のゆえに讃えられ望まれるべきかの至高の人間の善は置かれていると判断する。</u>この至高の善はストア派が ὁμολογία と呼ぶもの——われわれとしては「調和」とでも呼ぶことにしようか——のうちにあるので,すなわち,その調和のうちに,すべてのものがそれへと帰着するべきであるこの善はあるので,したがって,有徳な行為および徳そのものが——それらだけが善のうちに数えられるのである——<u>それらは後になってあらわれるにもかかわらず,それらだけがそれ自体の力と価値のゆえに追求されるべきなのである。他方,自然の第一の対象のうちの何一つとしてそれ自体のためには追求されるべきでない。</u>

この報告において,人間が理性をそなえるとともに親近化の対象が拡張し,また,対象の価値づけが変化するということが述べられている。すなわち,人間は,はじめに食料や身体の健康などを親近なものであると見なして追求

47） 徳への親近化についての他の報告としては,ゲリウス『アッティカの夜』12. 5. 7（＝SVF 3. 181）などが挙げられる。

するが,理性をそなえると,これらのものはそれら自体のために選び取られるべきものではなく,善,すなわち徳こそが,それ自体のために選ばれるのでなければならない,ということに気づくのである。「ロゴスに即して正しく生きる」とは,したがって,徳以外のすべてのものはそれ自体として選ばれる価値を持たないもの(ストア派の用語で言えば「無差別のもの」[48])であるという認識に基づきながら,徳を追求する生き方に他ならない。それゆえ,ディオゲネスの報告における,ロゴスが衝動の「技術者」であるという印象的な比喩は,さまざまな対象の価値づけに関する認識の変化が,衝動と行為とを正しい方向へ変化させるということを意味していると考えられる。

(2) 自己に対する親近化の理論は全人類に関わる倫理的な関係の根拠を提供するか?

　自己に対する親近化の理論は,上で見たように,基本的に個人の発達を描写するものであって,他者や社会について論じてはいない。加えて,ストア派は正義を論じる際に,他者に対する親近化を正義の根拠としたということが報告されている[49]。そのため,一般に,自己に対する親近化の理論は全人類に関わる倫理的な関係の根拠を提供しないと考えられている。たとえば,シュトライカー[50]によれば,ストア派は,人生の目的がロゴスに従って生きることであるということを示すために自己に対する親近化を論じる一方で,ロゴスに従って生きることが,一般に正しいとされる行為,とくに他者の利益に配慮した行為を行うことであると示すために,他者に対する親近化を論じる必要があった,ということになる。

　しかしながら,自己に対する親近化が利他的な行為の根拠として本当に機能し得ないかどうか,再考する必要がある。ブレナン[51]は,徳以外のすべてのものはそれ自体として選ばれる価値を持たないものであるという,自己への親近化によって得られる認識を,ストア派は他者への公正なふるまいの根

---

48)　第4章を参照。
49)　プルタルコス『陸棲動物と水生動物ではどちらがより賢いか』962A.
50)　Striker (1983) 161-163.
51)　Brennan (2005) chap. 10.

拠としたと解釈している。ブレナンは次のように述べている。財産や名誉などを善として，すなわち私の幸福にとって決定的なものとして見なしている限り，それらを他者と公平に分かち合うことは私にとって難しい。だが，徳だけが善であり，その他のものはそれ自体として選ばれる価値を持たないものであるという認識を持つようになれば，財産や名誉などを他者と公平に分かち合うための大きな障害は取り除かれる。ブレナンの比喩を用いれば，善への欲求という猛犬を閉じ込めるための檻が私たちには必要であり，その檻には「徳だけが唯一の善である」という言葉が書いてある。この言葉によって，猛犬は財産や名誉を善として追求することを止め，これらを他人と分かち合うことが可能になるのである[52]。

ただし，ブレナンが参照しているのは初期ストア派の議論ではなくエピクテトスの議論であるということを考慮しなければならないだろう[53]。自己に対する親近化が他者への公正なふるまいの根拠として機能するという主張を，初期ストア派に帰することはできるだろうか？

いくつかの報告から，初期ストア派がエピクテトスと同様に，自己に対する親近化を他者との関係と結びつけて論じたと考えるべきである。まず，クレアンテスの有名な詩[54]において，知者以外の人間たちが無知のゆえに「つねに善いものの獲得を望みながら」悪事に走り，たとえば「闘争的な熱情を名声に対して持つ」と言われている。つまり，クレアンテスは，善についての誤った認識が人々の間に争いを生むと考えたようである。さらに重要な証拠として，ゼノンの弟子だったキオスのアリストン[55]についてのセネカの報告が挙げられる。アリストンは，初期ストア派が正義についての議論において，「公正さはそれ自体のために追求されなければならないということ，また，われわれは恐怖や報酬のゆえに公正さへ導かれるのではないということ，徳において何であれ徳以外のものを好む人間は正しくないこと」と主張すると述べており[56]，正義という対他的な徳の実践と徳をそれ自体として求める

---

52) Brennan (2005) 165–167.
53) エピクテトス『語録』2. 22. 3–11, 4. 5. 30–32.
54) ストバイオス『精華集』1. 25. 3–27. 4 (= SVF 1. 537/LS 54I).
55) 前260年頃盛年。
56) セネカ『倫理書簡』94. 11.

ことを関連づけている。これらの文章において親近化という用語は用いられていない。だが，名声や快楽，財産などを善として誤認することを戒め，徳をそれ自体として追求することを勧告するというこれらの文章の内容が，ディオゲネス・ラエルティオスやキケロの報告する自己についての親近化の理論と一致していることから，これらの対他関係についての文章は，自己についての親近化を前提していると考えてよいだろう。

　以上のことから，初期ストア派において，自己に対する親近化の理論が，知者以外の人間を含めたすべての人間に対する倫理的な関係の根拠として機能していると考えられる。

　つぎに，初期ストア派が他者に対する親近化の理論をどの程度まで発展させたのかという問題を考察する。

2-2 他者に対する親近化
（1）理論の紹介

　以下で，「他者に対する親近化」についての代表的なテクストを見ながら，それが何であるのか，またそれがどのように正義と関連づけられているのかを述べたい。上述のように，ストア派が他者への親近化を正義や協同関係の根拠としたということが，プルタルコスによって報告されている。

プルタルコス『陸棲動物と水生動物ではどちらがより賢いか』962A.

　　彼ら〈＝ストア派〉は協同関係と正義のわれわれにとっての端緒は子孫に対する愛情であると主張していながら〈…〉。

　プルタルコスのこの報告だけでは，どうやら「子孫に対する愛情」，すなわち他者への親近化が，他者一般に対する「協同関係と正義」のはじまりであるとストア派が主張したらしい，ということしかわからない。だが，キケロの次の文章において，他者に対する親近化と正義の関係についてのストア派の考えがより詳しく述べられている。

キケロ『善と悪の究極について』3. 62-63（＝SVF 3. 340）.（下線による強調は

> また，彼らの考えによれば，自然は子が親に愛されるようにしたと理解することが重要である。ここを出発点としてわれわれは全人類の協同関係に到達しようとするのである。このことは，まず体の形状と器官から理解されなければならない。これらそのものが，子をなす原理が自然によって与えられているということを明らかにしている。もし仮に，自然が，子がなされるように欲し，かつなされた子が愛されるように配慮しなかったとしたら，これらは互いに矛盾してしまうだろう。〈…〉したがって，われわれが自然によって苦痛から遠ざかることが明白であるのと同様に，われわれが自分の子孫を愛するように自然そのものによって突き動かされるのは明らかである。このことから，全ての人間の相互的な結びつきは自然的であるということ，また，人間は，ただ彼が人間であるということ自体のために，人間によって疎外されてはならないということが生じる。

この報告から，親の子に対する親近化と，目的論的な自然観を根拠に，全人類の間に倫理的な関係が存在するということをストア派が論じたということが分かる。問題は，この理論をどこまで遡ることができるかということである。

(2) 初期ストア派は他者に関する親近化の理論をどの程度まで発展させたのか——動物に対する正義

まず，クリュシッポスについて見てみよう。クリュシッポスが『正義について』という著作で親の子に対する親近化を論じたとプルタルコスによって言われている。

プルタルコス『ストア派の自己矛盾について』1038B（＝SVF 3. 179, 2. 724/LS 57E）.

> いったいどういうわけで，彼〈＝クリュシッポス〉は全ての自然学と倫理学の著作において，われわれは生まれると直ちに自分自身と自分の部分と自分の子孫に対して親近化するなどと書いて，われわれを死ぬほどう

ざりさせるのだろうか? 『正義について』第一巻において,獣さえも,自分の子孫の必要に合致した仕方で,子孫に対して親近化する,と彼は主張している。

プルタルコスのこの報告から,クリュシッポスが子に対する親近化と正義を関連づけたということはわかる。しかしながら,子に対する親近化から出発して全ての人間に対して親近化するべきであるという,上で引用したキケロの報告にあるような主張をクリュシッポスがはっきり述べたかどうかはわからない。そこで従来あまり取り上げられていないが,クリュシッポスが動物に対する正義を否定したという報告に注目したい。そうすることで,すでにクリュシッポスが全人類に対する親近化を主張していた可能性が高いということを示すことができるだろう。

ディオゲネス・ラエルティオス『哲学者列伝』7. 129(＝SVF 3. 367).

さらに彼ら〈＝ストア派〉は,非類似性のゆえに,他の動物に対しては,われわれにとっていかなる正しさも存在しない,と主張している。クリュシッポスが『正義について』第一巻において,またポセイドニオスが『適切な行為について』第一巻において述べているように。

ポルピュリオス『肉断ちについて』3. 1. 4.

では正義に関する議論へ移ろう。われわれに反論する者たち〈＝ストア派〉は,似た者に対してのみ正義は及ぶべきであると述べており,このことのゆえに動物のうちのロゴスを持たない者〈τὰ ἄλογα〉を〈正義の及ぶ範囲から〉彼らは除外しているのだから,われわれは,真実でありまた同時にピュタゴラス的でもある見解を紹介しよう。そして,知覚と記憶に与るかぎりの全ての魂はロゴス的であるということを論証しよう。

まず,ディオゲネス・ラエルティオスの報告から,クリュシッポスが『正義について』第一巻において,人間と動物とが似ていないという理由で動物に対する正義を否定したことが分かる。さらに,新プラトン主義の哲学者で

菜食主義者だった，ポルピュリオス（234年頃-305年頃）の報告から，問題となる類似性はロゴスについての類似性であることが読み取れる。したがって，クリュシッポスが，人間と人間以外の動物のロゴスにおける非類似性を根拠にしながら，動物に対する正義を否定したと解釈することができる。

加えて注目したいのは，動物に対する正義を否定したのと同様の仕方で，すべての人間に対する正義が存在するとクリュシッポスが主張したと言われていることである[57]。

キケロ『善と悪の究極について』3. 67（＝SVF 3. 371）.

> 彼ら〈＝ストア派〉は，正義の紐帯が人間のあいだには存在するのと同様の仕方で，人間にとって動物に対するいかなる正義も存在しないと考えている。というのも，クリュシッポスがうまく言っているように，他の動物は人間と神々のために生まれたが，人間と神々は彼ら自身の共同体と協同関係のために生まれたのであり，したがって，人間は不正を犯すことなく自身の利益のために動物を利用することができるのだから。

この報告から，クリュシッポスが，動物に対する正義が存在しないということと対比させながら，あらゆる人間に対する正義が存在すると主張したことがわかる。だが，この主張の論拠は詳しく論じられていない。上述のように，クリュシッポスが動物に対する正義をロゴスにおける非類似性を根拠にして否定したということ，また，人間と神々はロゴスに与るがゆえに彼らのあいだに共同体が存在し他のものは彼らのために存在するとクリュシッポスが述べたと伝える別の報告[58]を考慮すると，おそらく次のようなことが論じられたのだろう。神々とあらゆる人間のあいだには，両者はロゴスにおいて似ているという理由で，相互的な正義が存在するが，この，ロゴスにおいて似ているもののあいだには正義が存在するという同じ理由から，動物はロゴスにおいて人間と似ていないので，動物に対する正義は存在しない。むしろ，

---

57) ほぼ同じ内容の報告として，ポルピュリオス『肉断ちについて』3. 20. 1（＝SVF 2. 1152）が挙げられる。
58) アレイオス・ディデュモス断片（エウセビオス『福音の準備』15. 15. 3-8 から）（＝SVF 2. 528/LS 67L）．引用と解説は本書の 3 章 1-1 を参照。

動物はロゴスを持つ者（神々と人間）のために存在する。以上のようにクリュシッポスは論じたのだろう。

クリュシッポスの正義論についてのこれらの報告において，「親近化」という概念は直接的に論じられていない。しかしながら，つぎのような理由から，クリュシッポスは全人類に対する親近化を主張したと考えられる。

まず，ポルピュリオスが「ゼノンの後継者たちは親近化を正義の端緒であるとしている」[59]と述べていることを指摘したい。ポルピュリオスのこの文章は，クリュシッポスを含めたゼノンの弟子たちの間で親近化によって正義を根拠づける理論が共有されていたということを示唆している。

このように，親近化を正義の端緒とすることがストア派の正統的な主張であったならば，クリュシッポスが『正義について』の第一巻において，ロゴスにおける類似性と親の子に対する親近化の両方を論じたという事実から，クリュシッポスが親の子に対する親近化を端緒として，最終的にあらゆるロゴス的な存在者へと拡張される正義の存在を論じたと推測してよいだろう。

さらに，ロゴスにおける類似性という問題そのものが，クリュシッポスにおいて親近化という概念と結びつけられていたと考えるべきである。というのも，クリュシッポスがロゴスにおける類似性を持ち出したとき，彼はおそらくテオプラストスの主張を反駁しようと試みていたからである。テオプラストスは，動物を殺害することに反対して，人間と動物は同胞（συγγενής）[60]あるいは親近（οἰκεῖος）[61]であるということを，人間と動物は身体についても魂についても同一であるということを根拠にして論じた。それゆえ，クリュシッポスの，人間がロゴスにおいて類似しているという主張は，人間は動物とは異なる特別な仕方で互いに親近であるということをも意味すると解釈するべきだろう。

以上のことから，全ての動物において観察される親の子に対する親近化が，人間の場合には最終的にロゴスを持つ全ての人間に対する親近化へ発達する（どのような過程を経るかは不明だが）とクリュシッポスが論じたと解釈するべ

---

59) ポルピュリオス『肉断ちについて』3. 19（＝SVF 1. 197）.
60) Idem 2. 22. 1（＝FHSG F584A）.
61) Idem 3. 25. 3（＝FHSG F531）.

第 1 章　知者と愚者，人間の社会的自然本性

きだろう。つぎに，この理論をさらにゼノンまで遡ることができるかどうかを検討したい。

　ゼノンが他者に対する親近化を論じたか否かについての証拠はクリュシッポスについての証拠よりもいっそう乏しい。しかしながら，以下のことはゼノンが他者に対する親近化を正義と関連づけて論じたことを示唆している。

　ヴァンダーヴェルト[62]によれば，すでにゼノンが全人類に対する親近化とそれを根拠とする正義が存在すると主張していたという結論を，ポルピュリオスによるヘルマルコス（ミュティレネ出身のエピクロス派哲学者。前325年頃-前250年頃）についての言及から導くことができる。ポルピュリオスはヘルマルコスの，つぎのような主張を紹介している。ヘルマルコスは，全人類に対する親近化を殺人の禁止の根拠のうちの一つとして導入したうえで，親近化は主要な根拠ではなく，人生にとっての利益こそが他者に対する不正を禁止する主要な根拠であるという，エピクロス派の功利主義的な主張を述べる[63]。ヘルマルコスが親近関係（οἰκειότης）というペリパトス派の用語を用いず，親近化（οἰκείωσις）という用語を用いていることから，ヘルマルコスの主要な反論相手はペリパトス派ではなくストア派であると考えられる[64]。さらに，ヘルマルコスが著作活動をしていたときにクリュシッポスはまだ少年であり，また，クリュシッポス以前のストア派の誰についても他者に対する親近化を提案したという報告はされていないことから，ヘルマルコスがここで念頭においているのはゼノンであると考えられる[65]。

　以上のことから，初期ストア派において他者に対する親近化の理論はどの程度発展させられたのか，という問題について，つぎのように答えることができる。他者に対する親近化を根拠としてすべての人間に対する正義を主張する理論は，クリュシッポスにおいて，そしておそらくゼノンにおいてすでに論じられていた。その後，ペリパトス派の影響を受けて生物学的な観察や目的論的自然観などを取り入れながら，ストア派は他者に対する親近化の理

---

62)　Vander Waerdt (1988).
63)　ポルピュリオス『肉断ちについて』1. 7. 1-13.
64)　Vander Waerdt (1988) 97-98.
65)　Idem 105-106. ヘルマルコスが師エピクロスの学校を引き継いだのは前271年。ゼノンが死去したのは前263年頃。

論を補強していったと考えられる。

　以上の考察により，初期ストア派は知者以外の人間との倫理的な関係についての理論を発展させなかったという解釈のもう一つの根拠は退けられる。すなわち，他者に対する親近化とそれを根拠とする全ての人間に対する正義の存在は中後期ストア派において初めて成立したのではなく，初期ストア派においてすでに述べられていたと考えられる。

　親近化の理論について私が主張したことは，以下のように要約される。自己に対する親近化の理論ついては，その理論が人生の目的を正しく設定することを通じて他者との争いを防ぐことを意図していたということを指摘した。他者に対する親近化については，初期ストア派においてすでに，他者に対する親近化と，それを根拠とするすべての人間に対する正義の存在が主張されていたと論じた。

まとめ──初期ストア派政治哲学の再考

　以上のように，初期ストア派が知者以外の人間を倫理的な配慮から排除したのかという問題について，「愚者」は徳に与ることが不可能な反社会的な人間として排除されているのではないということ，さらに，全人類に対する正義が存在するという考えはすでに初期ストア派に存在していた可能性が高いということが明らかになった。

　ただし，第5章で見るように，初期ストア派よりも中後期ストア派のほうが知者以外の人間との倫理的な関係をより深く探究したということは確かである。たとえば，ヒエロクレス[66]は，有名な同心円の比喩を用いながら，倫理的な配慮を全人類へと拡張させることを明確に論じた[67]。しかしながら，中後期ストア派の理論を初期ストア派からの逸脱ないし断絶とすべきではなく，むしろ，初期ストア派による人間の社会的な自然本性の理論の発展とみ

66）　2世紀前半に盛年。ストア派の哲学者。彼の生涯についてはよくわかっていない。著作の断片が残っている。
67）　本書の第5章を参照。

なすべきなのである。

　もし初期ストア派が愚者を排除したという従来の解釈が誤りであるならば，初期ストア派についての新たな考察が必要であるということになるだろう。

　第一に，ゼノンの『国家』における国制の構想，および，クリュシッポスによる全宇宙が一つの国家であるという主張について，それらを従来のように愚者を排除した理想国家論として考察するのではなく，全人類に対する倫理的な関係についての理論として，また，全人類に対する倫理的な関係を背景とした個人と特定のコミュニティの関係についての理論として検討するべきである。そのため，ゼノンの『国家』について第2章で論じ，全宇宙が一つの国家であるというクリュシッポスの主張について第3章で論じる。

　第二に，ストア派の規範理論についても見直す必要がある。つまり，いま述べたようなものとしてのゼノンとクリュシッポスの理論を支える理論として，また，普遍的な射程を持つ規範についての理論として考察しなければならない。この作業は第4章で取り組まれる。

　第三に，知者以外の人間に対する倫理的な関係について，中後期ストア派と初期ストア派の議論の共通点および相違点を明らかにし，中後期ストア派が初期ストア派の理論をどのように継承し発展させたのかを考察する必要がある。そのため，中後期ストア派の理論について第5章で論じる。

第2章
ゼノンの『国家』
── 知者たちの共同生活

　いくつかの断片から，ストア派の創設者キティオンのゼノンが『国家』と呼ばれる書物を著したということがわかっている。同じ書名を持つプラトンの『国家』が古典として読み継がれ膨大な研究がなされているのに対し，ゼノンの『国家』はストア派の衰退以降散逸し，現代に至るまであまり知られていない。しかしながら，よい人間だけが市民であるということ，人々はポリス（国）ごとに異なる正義に従うのではなく「共通の法」に従うべきであるということなど，ゼノンは『国家』において注目すべき主張をしたと報告されており[1]，ゼノンの『国家』の内容を再構築することは初期ストア派の政治哲学を解明する上で不可欠である。

　『国家』において，ゼノンがどのような主張を，どのような論拠によって論じたのかということは，いまだ明らかでない。とくに，ゼノンが知者以外の人間を排除した理想的なコミュニティを論じていたのか否かということについて，以下で考察するように解釈が分かれている。

　ゼノンの『国家』の内容を明らかにするため，私は主に次のような問題を取り扱う。まず，いま述べたように，ゼノンが『国家』において知者だけを市民とする理想的なコミュニティを構想したのか，それともしなかったのかという問題がある。すでに第1章で見たように，ゼノンは知者だけが市民であると主張したと伝えられているが，他方で，ゼノンが「すべての人間」を市民と見なすべきであると述べたという報告もある[2]。そのため，ゼノンが

---

1) 本章第1節を参照。

『国家』において知者だけを市民とするコミュニティを論じたのか[3]、それとも全人類を市民とするコミュニティを論じたのか[4]、解釈が分かれている。先に結論を言うと、私はゼノンが知者だけを市民とする理想的なコミュニティを論じたという、前者の解釈を支持する。

このように、ゼノンが知者だけを市民とする理想的なコミュニティを構想していたという解釈に立った上で、次に、この奇妙な主張がどのような論拠によって正当化されたのかという問題を考察する。

もし、ゼノンが『国家』において知者だけを市民とする理想国家を説いたとするならば、当然、そのような現実味の乏しい理想がどのような意義を持つのかという疑問が生じるだろう。そこでさらに、ゼノンの理想国家論が、全人類に関わる倫理的な関係という考えの発展に関して、また個人と特定のコミュニティの関係に関してどのような意味を持つのかという問題を考察する。

以上の三つの問題の考察は次の手順で進められる。まず、ゼノンの『国家』についての間接的な資料を引用しながら『国家』の内容を再構築する（1）。この作業によって、ゼノンが『国家』において知者だけを市民とする理想的なコミュニティを構想したということが明らかになるだろう。つぎに、ゼノンが「知者だけが市民である」という奇妙な主張をどのような仕方で論証したかを、ストア派についての諸証言から再構築する（2）。最後に、ゼノン以前の思想家、とくにプラトンの議論を参照することによって、ゼノンの『国家』における主張の意義について考察する（3）。

1 ゼノンの『国家』の再構築

ゼノンの『国家』についての最もまとまった証言は、ディオゲネス・ラエ

---

2) プルタルコス『アレクサンドロスの運または徳について』329A-B（= SVF 1. 262/LS 67A）。この文章について、詳しくは本章の1節を参照。
3) Baldry (1959); Schofield (1991).
4) Tarn (1948); Vogt (2008).

ルティオスのつぎの報告である。

ディオゲネス・ラエルティオス『哲学者列伝』7. 32–33（＝SVF 1. 259/LS 67 B）．（番号の付与は引用者による）

　ある人々は——その中には懐疑派のカッシオスの一派も含まれている——多くの点でゼノンを非難している．彼らは次のように述べている．（1）第一に，一般的な教育は役に立たないと『国家』の最初にゼノンは論証している．（2）第二に，よい人間でない人間は，すべてお互いに敵でありかたきであり奴隷でありよそ者である．すなわち[5]親が子に対して，兄弟が兄弟に対して，身内が身内に対してそうである，とゼノンは述べている．（3）また，『国家』においてよい人間だけを市民であり友であり身内であり自由人であるとしているのだから，したがって，ストア派にとっては親と子は敵である．というのも，彼らは知者ではないのだから．（4）また，同様に『国家』の 200 行目において，妻は共有であるという意見を述べ，また，神殿も裁判所も運動場も，ポリスにおいて建設されないと述べている．（5）また，貨幣については，ゼノンはつぎのように書いている．「貨幣は，交易のためにも，国外旅行のためにも，鋳造されると思うべきではない．」（6）また，同じ衣服を男性と女性が着るべきであり，〈運動するときには〉いかなる部分も隠されてはならないと命じている[6]。

　この文章から，ゼノンの『国家』の内容として次の三つの要素を挙げることができる．一つ目は，当時の教育の批判（1）．二つ目は，よい人間（＝有徳な人間，知者）でなければ「市民」「友」「身内」「自由人」ではないという主張（2 と 3）．そして最後に，当時の社会制度の批判．すなわち，妻子共有制の提案（4），神殿，裁判所，運動場などの公共施設の建築の廃止（4），貨幣の廃止（5），性別による衣服の違いの廃止（6）である．

　これらの三つの要素を中心にして，さらにその他の証拠を考慮すると，ゼノンの『国家』は，ボルドリーが主張したように[7]，ポリスの構成員が知者

---

[5] この節は，ゼノン自身の主張ではなく，批判者による論理的帰結かもしれない．
[6] ピロデモス『ストア派について』col. 19 から，全裸で運動するべきであるとストア派およびキュニコス派が主張したと推測できる．

であった場合にそこでの生活はどのようであるかを述べる作品であると考えるべきである。特に重要な根拠は次の通りである。

　まず当然のことだが，ゼノンが『国家』において知者だけが市民であると述べたと言われていることは，ゼノンが知者だけを市民とした国家を構想したという解釈にとって有利である[8]。

　さらに，ボルドリーが指摘しているように[9]，妻子共有や裁判所の廃止などの社会制度の批判は市民が知者であるということを前提しているように見える。とくに妻子の共有をゼノンが提案したという点は重要である。なぜなら，ゼノンが『国家』において「知者たちの間では女たちは共有であるべき」だと述べていたということがディオゲネス・ラエルティオスによって別の箇所で報告されている以上[10]，ゼノンは『国家』において市民全員が知者である理想的なコミュニティについて述べたと考えられるからである。また，ボルドリーは言及していないが，ゼノンが「国家を飾るのは神像などの建造物ではなく住民の徳でなければならない」と語ったと言われていることも[11]，ゼノンは『国家』において市民全員が知者である場合について述べているという彼の解釈にとって有利だろう。というのも，この報告から，住民が有徳な場合には神殿は必要ないとゼノンが主張したと推測できるので，したがって『国家』において言及されている神殿の廃止は，住民が有徳な場合が想定されていることを示唆するからである。

　上で引用したディオゲネス・ラエルティオスの報告と独立した資料からもまた，ゼノンが『国家』において，知者だけを市民とするコミュニティを構想したということが示される。エピクロス派哲学者のピロデモス（前110年

7）　Baldry（1959）．
8）　Idem 6．
9）　Ibidem．
10）　ディオゲネス・ラエルティオス『哲学者列伝』7. 131（＝SVF 1. 269）：「また，知者たちの間では女たちは共有であるべきだから，したがってたまたま出会った男と女が交わりを結ぶことになる，と彼らは主張している。これは，ゼノンが『国家』の中で，またクリュシッポスが『国家について』のなかで述べていることである（だが，キュニコス派のディオゲネスとプラトンもまたこのようなことを主張している）。そして，もしそうすればわれわれはすべての子どもに対して平等に父親の仕方で愛情を抱くであろうし，また姦通にもとづく嫉みも取り除かれるだろう。」この文章の解説については本章3-2を参照．
11）　ストバイオス『精華集』4. 43. 88（＝SVF 1. 266）．

頃-前30年頃)は,ゼノンの『国家』を批判して,ゼノンは『国家』において「存在する人たちを無視して,存在しない人たちのために,不可能な提案を法として定めた」と述べている。

ピロデモス『ストア派について』col. 12. 1-9.

> 彼ら〈＝ゼノンの『国家』を擁護する人々〉は次のことを見落としている。書物のはじめに,彼は,その国家を,彼が存在していた場所,また,彼が暮らしていた時代において役に立つものとして示すと表明している。それゆえ,もし彼がそのように表明したならば非難することができただろう。すなわち,またしても存在する人たちを無視して,存在しない人たちのために不可能な提案を法として定めたという点で,非難することができただろう。それゆえ,そのような表明をしたのにもかかわらず,そのような仕方で定められた提案をしているのだから,彼はみじめな人間である。さらに,つづく議論はというと,容易に想定できることだが,不敬虔の極みであるようなことがらを彼は放棄することがない。また最後に,他の書物を通じても彼は似たようなことを立法しているのである。

この箇所において「知者」という言葉は用いられていないが,ストア派の知者が不死鳥のように非現実的な存在であることが批判されていること[12]を考慮すると,ここでピロデモスが「存在しない人たち」と言っているのは知者のことを指すと考えられる。

以上のような理由で,ゼノンが知者だけを構成員とする理想国家を構想したと私は解釈する。だが,上述のように,ゼノンは知者だけを市民とする理想的なコミュニティを構想したのではなく,知者以外も含めた全人類を市民とするコミュニティを構想したのだとする解釈も存在する[13]。そこで,つぎにゼノンが全人類を市民とする国家を構想したとする解釈を検討し,反駁したい。ゼノンが全人類を市民とする国家を構想したという解釈の主な根拠と

---

12) アプロディシアスのアレクサンドロス『運命について』(cp. 28 p. 199. 7. Bruns = SVF 3. 658).
13) Tarn (1948) ; Vogt (2008).

して用いられるのは，プルタルコスによる，ゼノンが「すべての人間〈πάντας ἀνθρώπους〉」を「市民」としなければならないと主張したという報告である。

プルタルコス『アレクサンドロスの運または徳について』329A-B（=SVF 1. 262/LS 67A）.

> 実際に，ストア派の設立者であるゼノンの大いに賞賛された『国家』は，次の一つの要点を目指している。すなわち，われわれがポリスごと，あるいは地区ごとに，それぞれの正しさによって区別されながら住むのではなくて，すべての人間〈πάντας ἀνθρώπους〉を同じ地区の人，同じポリスの人として見なすこと，そして生活も秩序も一つであること，あたかも共通の法〈=牧草地〉によってともに養われ，ともに草を食む〈=法に適った〉群れのように。このことを，ゼノンは哲学者によるよい統治，すなわち国制についての夢か想像でも描写しているかのように書き記したのだが，他方，アレクサンドロスはこの言葉を実現させたのだった。

このプルタルコスの言葉からは，確かにゼノンが知者だけでなく全人類を市民としたように見える。ゼノンが知者だけを市民としたという解釈を支持する上述の複数の証拠とこの報告とを，どのように調停するべきだろうか？

一つの案は，ゼノンは若い頃に知者だけを市民とする国家を構想したが，その後全人類を市民とする国家を構想したという，矛盾する報告を個人の思想の変化に帰してしまう解釈[14]だろう。だが，ゼノンのそのような思想の変化についての証言が無い以上，この主張は説得力に欠ける。

他の提案として，妻子を共有するべきだとゼノンが『国家』において主張したというカッシオス[15]やディオゲネス・ラエルティオスの報告[16]は，じつはストア派において一般的に確認される，はるかに穏健な主張，すなわち，知者が状況によって慣習に反する行為を行うこともあるという主張の歪曲にすぎず，したがって，ゼノンが知者のコミュニティを構想したということの

---

14) Tarn（1948）.
15) ディオゲネス・ラエルティオス『哲学者列伝』7. 32-33（=SVF 1. 259/LS 67B）.
16) Idem 7. 131（=SVF 1. 269）.

第 2 章　ゼノンの『国家』——知者たちの共同生活

証拠として採用するべきではないという解釈[17]も存在する。たとえば、クリュシッポスは『適切な行為について』という著作において、両親の埋葬はできるだけ簡素にするべきだと論じながら、「ちょうど、自分自身の体の部分も、たとえばもし足が切断されたならそれを利用するべきであるのと同様に」、もし親の死体の「肉を食料として利用できるなら利用するだろう」し、利用できないなら埋葬するだろう、と述べたと、懐疑派の哲学者セクストス・エンペイリコス（160年頃–210年頃）によって批判されている[18]。このクリュシッポスの言葉は、フォクトによれば、「自分の切断された手足がいちばんましな食べ物だろうという、ありそうもない場合」についての想定として解釈することも可能であり、必ずしも日常生活や葬儀についての一般的な規定として解釈する必要はない[19]。これと同じように、カッシオスとディオゲネス・ラエルティオスの報告を不正確だとする解釈によれば、非常に限られた状況において知者は結婚制度の枠外で性的に交わることもある、という程度のことをストア派は実際には論じたのだが、この穏健な主張が、妻子共有を理想的な国家の制度だとする過激な主張へと、ストア派に敵意をもつ懐疑派の哲学者たちによって歪められた、と言うのである。この解釈に対して、まず、カッシオスやセクストスなどの懐疑派の哲学者たちがそれほどまでにストア派の主張を歪め、ストア派の著作を読んだことがある人ならすぐに歪曲だとわかるような稚拙な批判をしたということは、あまりありそうにないと言いたい。さらに、少なくとも妻子共有についてのゼノンの主張に限って言えば、上で見たように複数の証拠からゼノンが知者だけのコミュニティを構想していたことが読み取れる以上、カッシオスとディオゲネス・ラエルティオスの報告は正確であると考えるべきだろう。とくにピロデモスの報告において、ゼノンが「存在する人たちを無視して、存在しない人たちのために不可能な

---

17)　Vogt（2008）chap. 1. 3 ; Gill（2013）143–157.
18)　セクストス・エンペイリコス『学者たちへの論駁』11. 194（＝SVF 3. 752/LS 67G）：「彼〈＝クリュシッポス〉は、『適切な行為について』において、両親の埋葬について説明しながらはっきりとこう述べている。「両親が亡くなったら、埋葬はできるだけ簡素にするべきである。〈…〉それゆえ、肉を食料として利用できるなら利用するだろう。ちょうど、自分自身の体の部分も、たとえばもし足が切断されたならそれを利用するべきであるのと同様に、これと類似したものも利用するだろう。」」
19)　Vogt（2008）. 38.

提案（ἀδυνάτους〈…〉ὑποθέσεις）を法として定めた（ἐνομοθέτει）」と言われていることは，決定的ではないかもしれないが，ゼノンが妻子共有制度の導入や神殿の建設の禁止などの社会制度の大規模な変革を提案したことを示しているように見える。さらに以下の二つのことを指摘したい[20]。まず，ゼノンの『国家』における一部の主張に対してストア派内部から批判があったという複数の報告は，ゼノンが『国家』においてストア派の一般的な主張から逸脱する主張をしたということを示している[21]。また，ディオゲネス・ラエルティオスの報告[22]は，ゼノンおよびクリュシッポスがプラトンと同様に市民のあいだの嫉妬の除去を妻子共有の目的としたと伝えており，特定の状況における知者の行為としてではなく，共同体の保全のための制度として，ゼノンが妻子共有を論じたことを示唆している。

したがって，プルタルコスの報告は文字通り「全人類」について述べているのではなく，すべての知者について述べているとする解釈のほうが整合的だろう[23]。さらに，スコフィールドが指摘しているように[24]，プルタルコスは引用した箇所につづく部分で，アレクサンドロス大王は「よい人間を同胞として，悪い人間を異民族として見なすように命令した」[25]と述べている。このような文脈を考慮すれば，プルタルコスは「すべての人間」と述べているが，実際には「すべてのよい人間」，つまり知者を意味していると考えるほうが適切だろう。

なお，プルタルコスの報告以外の，ストア派が宇宙全体をポリスであると述べたというストア派一般についての複数の報告[26]が，ゼノンが全人類を市民とするポリスを構想したという解釈を裏づけるように思えるかもしれない。だが上で見たように，ゼノンが『国家』において「貨幣は，交易のため

---

[20] なお Schofield（2009）が，ディオゲネス・ラエルティオスの報告（7. 131 =SVF 1. 269）とピロデモスの報告が Vogt の解釈にとって不利であるということを簡潔に指摘している。
[21] ピロデモス『ストア派について』col. 9-12；ディオゲネス・ラエルティオス『哲学者列伝』7. 34. 詳しくは第 5 章 1-1 を参照。
[22] ディオゲネス・ラエルティオス『哲学者列伝』7. 131.（＝SVF 1. 269）.
[23] Schofield（1991）105；Vander Waerdt（1994）284. n. 51.
[24] Schofield（1991）105.
[25] プルタルコス『アレクサンドロスの運または徳について』329C.
[26] このような考えはクリュシッポスに帰されるべきである。本書の第 3 章を参照。

にも，国外旅行のためにも，鋳造されると思うべきではない」と述べたと言われている以上，ゼノンの理想国家は宇宙全体ではなく国境を持つ地上の国家であると解釈するべきである。

以上のことから，ゼノンは『国家』において知者だけを市民とする理想的なコミュニティを構想したと結論するべきである。

2　知者だけが市民であるという主張の論証[27]

さて，「知者だけが市民である」などという奇妙な主張をゼノンがしたとして，当然問題となるのは，そのような主張を彼はどのような論拠によって論証しようとしたのか，ということだろう。

第1章で，知者でなければ「市民」「友」「身内」「自由人」ではないというゼノンの主張は，これらの政治的な概念を知識，すなわち徳を前提とするものとして再定義することによって世界を正しく認識しようとする，ソクラテス的な試みだったということが論じられた。

では，「知者だけが市民である」という命題によってあらわされる「市民」の再定義は，どのような論拠にもとづいて行われたのだろうか？　ゼノンによる実際の論証は残念ながら残されていない。そのため，以下において，まずストア派一般についての報告をもとにこの問題を検討し，その上でストア派一般の考えがゼノンにまで遡れるかどうかを考察したい。

2-1　ストア派における，市民，ポリス，法の再定義

ストバイオスの『精華集』においてストア派一般の教説の要約が保存されており，そこで「市民」，「ポリス」，「法」の再定義に関係する箇所を確認することができる。これからかなり複雑な話になるので，ゼノンの論証についての私の結論を先に述べておく。ストア派において「法」が徳を必要条件とするように再定義された結果，「ポリス」も徳を必要条件とするように再定

27）本節は，川本（2013）を加筆，修正したものである。

義され,さらに「市民」もまた徳を必要条件とするように再定義された,ということを以下で私は論じる。

また,ここで本題に入る前に,「法」という概念について注記しておこう。「法」という概念は多義的であり,宇宙全体の法則,ある共同体内の社会的規範,成文化された法律などを意味しうる。そこで,ストア派,さらにはゼノンが「法」を再定義する際にどの意味での「法」を念頭においていたのかが問題になるだろう。上で見たように,ゼノンは『国家』において共同体の慣習(男女の服装,教育)の変革を主張した。また,ストア派が,「リュクルゴスやソロンの立法も,われわれの十二表法も法ではない」と主張したと批判されている[28]。したがって,ストア派一般,そしてゼノンは,「法」を再定義するにあたって,ある共同体における社会的な規範を,法的裏づけのない慣習であれ成文化された法によって規定されたものであれ,「法」として批判し,そのような「法」の概念をストア派的な正しい概念に置き換えようと試みた,と私は考える。以下で私が「法」の再定義を問題とするとき,「法」とはそのような社会的な規範を意味する。

それではまず,「市民」「ポリス」「法」の三つが関連づけられて論じられている文章を見てみよう。

ストバイオス『精華集』2. 7. 11i58-11k16 (＝SVF 3. 328, 3. 677).

> すべての劣悪な者は,法と,自然に適ったあり方をしている国制とを欠いている限りにおいて,追放者でもあると彼ら〈＝ストア派〉は言う。なぜなら,法は,われわれがすでに述べたように,よいもの〈σπουδαῖον〉であり,ポリスもまた同様によいものだからである。〈…〉
>
> 彼らは,すべての劣悪な者は野人でもあると言う。なぜなら,野人であることとはポリスに即した習慣と法律についての無経験であるが,すべての劣悪な者はこの無経験に与っているのであるから。

この引用文において「市民」という語は用いられていないが,「追放者」(あ

---

28) キケロ『アカデミカ前書』2. 136 (＝SVF 3. 599). 引用文は本書のpp.35-36を参照。

るいは「国を逃れた者」）と「野人」という「市民」の反対語が用いられており，「市民」についてのストア派の考えを間接的に知ることができる。「ポリス」と「法」という語は，見てのとおり，この文で直接に用いられている。

　この文章から，第一に，ストア派が「市民」という概念を，ポリスの法律や国制に従って生活する人間として考えているということがわかる。なぜなら，市民の反対の存在である「追放者」「野人」が，国制を欠いており，ポリスの習慣と法律について無経験であると言われているからである。

　さらに，この文章の論理構造から読み取れるのは，知者以外の人間は市民ではないというストア派の主張の前提が，法が「よいもの」，つまり徳を必要条件とするものであり[29]，ポリスもまた同様によいものである，ということである（「なぜなら，法は，われわれがすでに述べたように，よいものであり，ポリスもまた同様によいものだからである」）。この前提についてもう少し詳しく説明しよう。この前提が意味するのは，法が徳を必要条件とするように再定義されることによって，ポリスもまた徳を必要条件とするように再定義される，ということであると私は解釈する。この解釈は，プルサ出身の弁論家・哲学者のディオン・クリュソストモス（40年頃-115年頃）による，ストア派の教説の紹介によって裏づけられる。ディオンは，「ポリスは，同じ場所に住んでいる人間たちの，法によって統治されている集合体である」[30]というストア派一般のポリスの定義を紹介しており，ここでディオンは，通常の意味での法（ソロンの立法，十二表法 etc.）ではなく知者の判断としての法を念頭に

29）　ストア派において，あらゆる善いもの（ἀγαθόν）は徳あるいは徳に与るものであると言われる（ストバイオス『精華集』2. 7. 11i（＝SVF 3. 587））。つぎの理由から，あらゆるよいもの（σπουδαῖον）であるものもまた，徳あるいは徳に与るものとして考えられていると解釈する。第一に，よいもの（σπουδαῖον）は，善いもの（ἀγαθόν）と同様に，「徳」の多様な名前のうちの一つであるとされている（ディオゲネス・ラエルティオス『哲学者列伝』7. 101（＝SVF 3. 208））。第二に，善いもの（ἀγαθόν）であるもののうちの何一つとして劣悪な者は手に入れることができないと言われており（ストバイオス『精華集』2. 7. 11g（＝SVF 3. 589）），よいもの（σπουδαῖον）についても同様のことが言われている（ストバイオス『精華集』2. 7. 11k（＝SVF 3. 683））。
30）　ディオン・クリュソストモス『弁論集』36. 20（＝SVF 3. 329/LS 67J）。ディオンは，ここでストア派を名指しすることなくポリスの定義を紹介している。だがアレクサンドリアのクレメンス『ストロマテイス（雑録集）』4. 26. 172（＝SVF 3. 327）との類似から，このポリスの定義はストア派によるものであると考えられる。

置いている[31]。つまり，ストア派はポリスの定義を法の定義に依存させており（「ポリスは〈…〉法によって統治されている集合体である」），また，法についてはそれが徳を必要条件とするように（法は知者の判断である）再定義しているということが，ディオンの文章からわかる。

以上のことから，ストア派は「市民」の定義を「ポリス」の定義に依存させ，さらに「ポリス」の定義を「法」の定義に依存させている，という解釈が成立する。

そこで，「法」の再定義が，ストア派のこの一連の再定義におけるもっとも重要なものであるということになる。それゆえ，先ほどディオンの文章に即して「法」が知者の判断として再定義されていると簡単に述べたが，「法」が徳を必要条件として再定義されるということについて，複数のテクストを用いたより詳しい考察が必要だろう。以下で「法」についてのストア派の主張をいくつか考察したい。まずストバイオスにおける説明を見てみよう。

ストバイオス『精華集』2. 7. 11i27-33（=SVF 3. 614）．

　　法は，なすべきことを命じ，なすべきでないことを禁じる正しいロゴスであるので，すでに述べたように[32]，法はよいものであり，したがって，ただ知者だけが，法によって命じられることを行うことができるので，遵法的であり，法を解説できる者であり，それゆえ法について知識のある者でもある，と彼ら〈＝ストア派〉は主張している。他方，惨めな者たちはその反対の状態にある，と言う。

この文において，法は「正しいロゴス」と同一のものであるとされている。つまり，法は単に徳を必要条件とするもの（たとえば，「有徳な支配者によって定められ，公に告知されたもの」「定められた内容が徳の命令に反していないもの」など，多様な形式が考えられる）ではなく，正しいロゴス，すなわち徳そのものなのである。

それでは，「正しいロゴス」とは何であるのか？　ストア派において，「正

31）ディオン・クリュソストモス『弁論集』36. 20-21.
32）ストバイオス『精華集』2. 7. 11d.

しいロゴス」は，人間の行為に関する内面的な規範と宇宙全体の秩序に関する物理的な法則，さらに神の摂理をも意味する。要約すれば，「自然」によって人間に理性が与えられている以上，人間は，理性に従って正しく生きること，すなわち「徳」に従って生きることを通じて，宇宙に存在する全てのものを秩序づける「自然」あるいは「ゼウス」あるいは「共通の法」に従うことができる，ということが彼らの主張であると言っていいだろう[33]。したがってストア派が法を正しいロゴスであると再定義するとき，彼らは，徳，すなわち確固で整合的な信念体系[34]という形式で人間に与えられる宇宙全体の秩序を，法であると主張していると私は解釈する[35]。

　法と徳（あるいは人間にとって徳として与えられる宇宙全体の秩序[36]）が同一であるという主張は，知者だけが市民であるという主張に劣らず奇妙である。だが，私の解釈は，次の理由から支持されるだろう。まず，この解釈は，法が「よいもの」，すなわち「徳を必要条件とするもの」であるというストア派の主張に一致する。さらに，もし法が単に「徳を必要条件とするもの」としてではなく，徳と同一のものとして再定義されているのならば，なぜ知者以外の人間は法に従うことができないとストア派によって主張されているのかが明らかになる。すなわち，もし法が徳と同一ではないものであれば——たとえば法が単に有徳な支配者によって布告されたものであれば——知者以外の人間でもそのような法に従うことができるだろうが，もし法が徳と同一のものであるとすれば，徳を持たない人間は法に従うことができないだろう。

　法が徳と同一であるとストア派が主張したという解釈の追加の証拠とし

---

33) ディオゲネス・ラエルティオス『哲学者列伝』7. 86-89.
34) 徳が何であるのかについては第1章を参照。
35) なお，初期ストア派における法が正しい理性であるという主張について，Schofield (1991) 69-73 は，法は内面化された社会的規範として考えられていると解釈する。また Van-der Waerdt (1989, 1994), 法の命じる内容を，知者に特有の理性的状態にもとづいて行われる正しい行為（κατορθώματα）であるということを主張している（この解釈に対する反論としては，Mitsis (1994) を参照）。私の解釈は，法が内面化されているという点と，法が知者だけに可能な正しい行為を命じるという点では，Schofield (1991) と Vander Waerdt (1989, 1994) の解釈と一致する。
36) 宇宙全体の自然と人間に固有の自然を概念上区別するかしないかについてはクリュシッポスとクレアンテスのあいだに意見の相違がみられる（ディオゲネス・ラエルティオス『哲学者列伝』7. 89）。

て，以下で複数のテクストを挙げたい。

　まず，キケロによって伝えられるストア派の法の定義において，知者の精神あるいは思慮が法であると明言されている[37]。

キケロ『法律について』1. 18-19（= SVF 3. 315）．

　　極めて学識ある人々〈＝ストア派〉は，法から始めることが適切であると考えた。もし彼らが定義しているように，法とは，自然に内在しなすべきことを命じその反対のことを禁じる最高の理性〈ratio summa〉[38]であるとすれば，おそらくその通りだろう。この同じ理性は，人間の精神において確固としたものとなり完成したときには[39]，法である。それゆえ彼らは，思慮は法であり，正しい行いを命じ間違った行いを禁じる力を持っていると考えている。〈…〉じっさい法は自然の力であり，思慮ある人の精神，すなわち理性であり，正しいことと不正なことの基準〈iuris atque iniuriae regula〉である。

　この文章において，自然に内在し宇宙を統御する理性が個人において思慮の徳として確立すると主張され，さらにこの思慮が法と呼ばれている。

　キケロはストア派一般について述べているが，マルキアヌスによるクリュシッポス『法について』の報告[40]とこの文章の類似性から，ここでクリュシッポスの『法について』が念頭に置かれていることがわかる。すなわち，「正しいことと不正なことの基準（iuris atque iniuriae regula）」というラテン語の表現は，クリュシッポスの『法について』における，「（法は）正しいことと不正なことの基準でなければならない（δεῖ 〈…〉 κανόνα τε εἶναι δικαίων καὶ ἀδίκων）」というギリシア語の表現の翻訳であると考えられる[41]。したがって，

---

[37]　なお，法は知者の精神であるということは，キケロ『法律について』2. 8-12 においても言われている。
[38]　「最高の理性（ratio summa）」と「正しい理性（recta ratio）」は同義で用いられている。キケロ『法律について』1. 23 を参照。
[39]　なお，ストア派において完成した理性が徳（virtus）と呼ばれるということは，セネカ『倫理書簡』76. 10（= SVF 3. 200a）から確認できる。
[40]　マルキアヌス『法学提要』1. 11-25（vol. 1. p. 11, 25 Mommsen = SVF 3. 314/LS 67 R）．

法は知者の精神，すなわち徳と同一であるという考えは，少なくともクリュシッポスにまで遡ると考えられる。

クリュシッポスが知者の徳と法を同一のものとしたという点について，さらに別の資料を用いて考えたい。以下のように，プルタルコスは，クリュシッポスが『法について』において知者のロゴスに言及したという興味深い報告をしている。

プルタルコス『ストア派の自己矛盾について』1037F（＝SVF 3. 175/LS 53R）．

> また，彼〈＝クリュシッポス〉によれば，彼が『法について』で書いたように，人間の衝動は人間に行為を命ずるロゴスである。したがって，反衝動も禁止するロゴスであり，忌避もまたそうである。だが，用心深さは，彼らによれば，ロゴスに適った忌避である。したがって，用心深さは知者に対して禁止するロゴスである。なぜなら，用心深さは知者に固有であり劣悪な者には備わらないからである。そこで，もし知者のロゴスと法が別のものであれば，知者は用心深さを法と対立するロゴスとして持っていることになる。他方，もし法が知者のロゴスに他ならないなら，法は，知者が用心している事柄をなすことを知者に禁ずるものとして見いだされる。

いま引用した文章は，プルタルコスがクリュシッポスを批判している長い文章の一部である。この文章で言われていることを分析する前に，文脈を確認するため，この文章の前の部分も見てみよう。

プルタルコス『ストア派の自己矛盾について』1037C–D（＝SVF 3. 520）．

> 彼ら〈＝ストア派〉の主張によれば，正しい行為〈κατόρθωμα〉が法の命ずるものであり，誤り〈ἁμάρτημα〉が法の禁ずるものである。したがって，彼らの主張によれば，法は劣悪な者には多くのことを禁ずるが何も命じない。なぜなら，劣悪な者は正しく行為することができないし，正しく行為することができない者にとって誤らないことが不可能であるということを，

---

41) より詳しい説明は，Dyck（2003）112 を参照。

誰が知らないだろうか。したがって、彼らは、法をそれ自身と矛盾させているのである。すなわち、法は、劣悪な者がそれを行うことのできないことは命じない一方で[42]、劣悪な者がそれを差し控えることのできないことを禁じるのである。

プルタルコスはこの文章において、矛盾（「すなわち、法は、劣悪な者が〈…〉禁じるのである。」）を指摘するために、A.「法は正しい行為を命じ、誤りを禁じる」というストア派の主張から、B.「（法は知者には何も禁じないが多くのことを命じる、また、）[43]愚者には何も命じないが多くのことを禁じる」という、ストア派のものではない主張[44]を導いている。

プルタルコスがこのような仕方でストア派の主張を理解しているということを考慮しながら、前に引用した箇所をもう一度見てみよう。「人間の衝動は、人間に行為を命ずるロゴスである」というクリュシッポスの主張から、知者のロゴス（用心深さ）は知者に禁止するロゴスであるという命題をプルタルコスは導く。そのことから、次の二つの矛盾が導きだされるとして、プルタルコスはクリュシッポスを批判する。

・矛盾1（知者のロゴスと法が同一でない場合）：知者のロゴス（＝知者に禁止するロゴス）と法（＝知者に多くのことを命令し何も禁じないロゴス）が対立するものであるということになってしまう。
・矛盾2（知者のロゴスと法が同一である場合）：知者のロゴス（＝知者に禁止するロゴス）が法（＝知者に多くのことを命令し何も禁じないロゴス）と同一であることになってしまう。

---

42) Johann に従い、οὐ を挿入して読む。Cf. Casevitz et Babut (2004) 145-146. n. 122.
43) このように補わなければつづく議論が理解不能である。
44) キケロ『国家』3. 27 (=Ziegler 3. 33/ SVF 3. 325/LS 67S) において、ラエリウスが、真の法とは理性であるというストア派による法の定義に基づいて、法は「よい人に対して無駄に命じることも禁じることもせず、よくない人に対して命じたり禁じたりして動かすこともない」と発言している。このことから、法としての理性は知者に命令も禁止もするが、愚者には命令も禁止もしない、というのがストア派の考えだったようである。したがって、プルタルコスがここでストア派に帰している主張はストア派のものではないだろう。

第2章　ゼノンの『国家』——知者たちの共同生活

　プルタルコスが矛盾1を指摘しているということから，クリュシッポスが法と知者のロゴスを決して対立せず同じ内容を指示するものとして主張していたということが推測される。なぜなら，矛盾1がクリュシッポスの主張の矛盾として指摘されるためには，クリュシッポスが，知者のロゴスと法は決して対立しないということを主張していなければならないからである。

　クリュシッポスが法と知者のロゴスの命じる内容を同じであると主張したという解釈は，次のことからも裏づけられる。すなわち，クリュシッポスは，『正義についての論証』において，「自己抑制や忍耐強さや思慮や勇気に従って行われたこと」を法に適った行為（εὐνόμημα）であり正しい行為であると主張した，と言われている[45]。

　もちろん，クリュシッポスがあらゆる観点において「法」という概念と知者の徳という概念が同一であると主張したと解釈することはできない。たとえば，クリュシッポスが共通の法，すなわち万物に共通の自然と人間に固有の自然とを区別していることは[46]，宇宙を支配する法と人間の徳が同一のものではないことを意味するだろう。しかしながら，少なくとも，法の命じる内容と徳が命じる内容がつねに同一であると彼が考えていたことは，以上のことから確かだと言えるだろう。

　以上の考察から，「知者だけが市民である」というストア派の奇妙な主張は，法の再定義，および法の再定義を前提とするポリスの再定義によって根拠づけられていると結論したい。わかりやすくするため，「知者だけが市民である」という主張の論証を形式化すると，次のようになるだろう。

　　（前提1）法は徳（＝正しいロゴス）である。
　　（前提2）ポリスとは，人間たちの，法によって統治されている集合体である。
　　（前提3）市民とは，ポリスの習慣と法に従っている人間である。
　　（前提4）（前提1と2から）ポリスとは，人間たちの，徳によって統治さ

---

45) プルタルコス『ストア派の自己矛盾について』1041A（＝SVF 3. 297）．
46) ディオゲネス・ラエルティオス『哲学者列伝』7. 89．

れている集合体である。
(前提5)（前提3と4から）市民とは，人間たちの，徳によって統治されている集合体の習慣と法に従っている人間である。
(前提6) 徳によって統治されている集合体の習慣と法は徳である。
(前提7) 知者だけが徳に従うことができる。
(結論)（前提5，6，7から）知者だけが市民である。

なお，前提6（「徳によって統治されている集合体の習慣と法は徳である」）はストア派によって明言されていないが，彼らが法を徳そのものとして再定義していること，またゼノンが『国家』において裁判所を不要であるとしていることから，このような前提はストア派の主張と合致するだろう。

2-2 ゼノンの『国家』における知者の徳と法

ゼノンの『国家』に話を戻そう。ゼノンが以上のような論証を用いながら『国家』において「知者だけが市民である」と論じたというのが私の主張だが，このように主張するためには，ストア派によるこれら一連の再定義が，ゼノンにまで遡ることを示さなければならない。

残念ながら，第1章で親近化の理論について論じたときと同様に，クリュシッポスに比べてゼノンの法の理論についての証拠は乏しい。だが，以下のように，ゼノンにおいてすでに，正しいロゴスが宇宙全体を統御する共通の法であるという考えが見られることから，ゼノンが『国家』において法を徳として再定義したと推測される。

まず，ゼノンは，宇宙全体に行き渡り人間に正しい行為を命じる，自然的かつ神的な法が存在すると主張したと言われている[47]。すなわち，すでにゼノンが，本来の意味での法は日常の意味における法律ではなく，徳という形式で人間に与えられる宇宙全体の秩序であると主張していたと考えられる。

さらに，ゼノンが『国家』において，法を正しいロゴス，すなわち徳とし

---

[47] キケロ『神々の自然本性について』1. 36（= SVF 1. 162）:「ゼノンは〈…〉自然的な法は神的なものであり，そしてこの法が正しいことを命じ，その反対のことを禁じる力を持っていると考えた。」

て考えていたと解釈できる。『国家』についての報告として先に引用したプルタルコスの文章によれば，ゼノンは『国家』において，「共通の法」にすべてのよい人が市民として従う状態を描写したということだった（「あたかも共通の法〈＝牧草地〉によってともに養われ，ともに草を食む〈＝法に適った〉群れのように」）。ディオゲネス・ラエルティオスによるストア派一般についての報告において，「共通の法」とは宇宙全体を秩序づける「正しいロゴス」であると言われている以上[48]，プルタルコスの報告は，ゼノンが『国家』において法を徳として再定義し，徳としての法によって統治された人びとの共同体を描写したということを裏づけている。

したがって，法の再定義とそれに伴うポリスの再定義を前提として市民を再定義する議論は，ゼノンの『国家』に遡ることができるとしてよいだろう。

3　ゼノンの主張の意義

3-1　全人類に関わる倫理的な関係という考えの発展について——開かれたコミュニティ

以下で，ゼノンの主張の歴史的な意義を，ゼノン以前の思想家，とくにプラトンと比較しながら考察したい。全人類に関わる倫理的な関係という考えの発展という観点から見たとき，ゼノンが『国家』において理想国家を描写し，また，「法」を徳として再定義することによって「市民」を再定義したということは，重要な意味を持つと私は考える。なぜなら，ストア派の徳についての平等主義的な主張を考慮すると，理想的なコミュニティへ市民として参加する道が明確な形ですべての人間に開かれているということになるからである。「徳」を獲得する可能性，および「徳」の内容に関して，性別，人種，社会的地位などの外的な条件による差異を認めないというのが，ストア派の一般的な考えである[49]。ゼノンについても，『国家』において男性と女性が同じ衣服を着用することを命じていること，『国家』において階級制

48）　ディオゲネス・ラエルティオス『哲学者列伝』7. 88（＝SVF 1. 162d）．

度を導入していないこと，また，教育に関して少年と少女の両方に対して同じことが適切であると主張していることから[50]，おそらく，ゼノンもまた，徳について平等主義的な考えを持っていたと推測される。もしそうであれば，ゼノンが描写する，徳を法とする理想的なコミュニティには，理論上，すべての人間が市民として参加できるということになる。

理想的なコミュニティに理論上すべての人間が市民として参加できるという主張は，現代人にとってはそれほど目新しく感じられないかもしれないが，古代ギリシアにおいては画期的な主張だった。このことは，アリストテレスとプラトンの主張を考察するとよくわかる。

アリストテレスは，基本的に，理性的な能力において男性が女性よりも優れ，また自由人は奴隷よりも優れているという考えを持っていた[51]。

プラトンは，理性的な能力に優れた女性も存在するということを認めたが，彼の理想国家には能力にもとづく階級制度が存在した。すなわち，プラトンの『国家』においては支配者階級，補助者階級（戦士）と被支配者階級（商人，職人，農夫など）が存在し，各人はその生まれつきの素質によってどの階級に属するかが決定されるべきであると主張される[52]。また，ギリシア人は「友」であり非ギリシア人は「敵」であると，プラトンはソクラテスに言わせている[53]。おそらくプラトンの『国家』におけるこのような主張を念頭に置いて，ゼノンは自分の同名の著作である『国家』において，「知者だけが市民であり，友であり，自由人である」と述べたのだろう。すなわち，ゼノンの理想国家においては，階級は存在せず，非ギリシア人とギリシア人の区別も存在しない。ただその人が知者であるか否かということだけがコミュニ

---

49) ラクタンティウス『信仰提要』3. 25（＝SVF 3. 253）において，ストア派が奴隷と女性も哲学をするべきであると主張したと言われている。実際に，ムソニウス・ルフスが，女性も哲学をするべきであると論じている（ストバイオス『精華集』2. 31. 126＝ムソニウス『談論』3（Hense））。また，クレアンテスが『男の徳と女の徳は同じであることについて』という書名の本を執筆している（ディオゲネス・ラエルティオス『哲学者列伝』7. 175）。
50) セクストス・エンペイリコス『ピュロン主義哲学の概要』3. 245（＝SVF 1. 250）。
51) たとえば，『政治学』1. 13. 1260a12-20 において，魂の思量的な部分について，奴隷は全く与らず，女性は力の無い仕方で（ἄκυρον）しか与らないと言われている。
52) プラトン『国家』434B。
53) Idem 470B。

ティの一員になるための条件であり，また，すべての人にとって知者になることは可能である。

したがって，徳を法として再定義し，知者だけを市民とする理想国家を提示するというゼノンの試みを，同一の規範に従う倫理的なコミュニティに帰属する市民の関係性を全人類（女性や奴隷や非ギリシア人も含む）に対して拡張するものとして評価することができる（ただし，ゼノンは『国家』において理想的な知者のコミュニティが同時に複数存在する可能性も想定しているようであり，全人類が物理的に一つのコミュニティに本来的に帰属するとはおそらく考えていない。詳しくは，第3章3節1項を参照）。

確かに，個人は見知らぬ外国人に対して具体的にどのような責任を持つべきなのか，という現代のコスモポリタニズムにとって重要な問題について，ゼノンはおそらく論じなかった。このことは，後のストア派がこの問題について一致した見解を持たなかったことから推察される[54]。しかしながら，上述のように理想的なコミュニティへの加入資格を全人類へと拡張したという点において，ゼノンはその後のコスモポリタニズムと自然法思想の発展の基礎を築いたということができるだろう。

3-2 個人とコミュニティの関係について——エロス的な共同生活

個人とコミュニティの関係という観点から見ると，ゼノンの『国家』の重要な点は，血縁や地縁に根ざした伝統的なコミュニティの解体と，「徳」という理性的な能力にもとづく友愛のコミュニティの構築を主張していることだと言えるだろう。以下でこのことを説明する。

伝統的なコミュニティの解体は，少なくとも家族について，すでにプラトンの『国家』においても妻子共有制というかたちで主張されていた。そこでまず，プラトンの妻子共有制度について整理した上で，ゼノンの主張の意義を考察したい。

プラトンは，国家を守護する任にあたる支配者の階級では，家族制度を解体して妻子の共有を導入するべきであると主張した。具体的には，支配者階

---

54) 詳しくは，第5章を参照。

級の男女が私的に同棲することは許されず，優秀な子孫を生産するという観点から支配者によって男女の組み合わせが決定される。また，両親が自分の子どもを知ることがないように，子どもは生まれるとすぐに国営の保育所へ連れて行かれ，保育士によって世話をされる[55]。プラトンにとって，このような制度を導入する主要な目的は，一言で言えば，国家の保全である[56]。すなわち，妻子の共有によって，まず，優秀な子孫を生産し国家を繁栄させることが可能になり[57]，さらに，金銭や親族の私的な所有が生み出す自分だけの楽しみと苦しみを人々が持たなくなるので，国内の争いごとがなくなると述べられている[58]。親族を私的に所有しないことがもたらす心理的な効果について，プラトンは次のように説明している。すなわち，みんなが同じものを共有することによって，得失に関して同じことを等しく喜び同じことを等しく悲しむようになる，ということである。より具体的なふるまいとしては，年下の者は年上の者を平等に敬うこと，年上の者は年下のものを平等に指導すること，同年輩どうしでは互いに自分の身体を自分で守るようにすること，などが言われている[59]。

したがって，個人とコミュニティの関係という観点から言うと，プラトンは血縁によって結びつけられた家族を解体し，二つの種類のコミュニティを構築することを提案した，と考えることができる。二つのコミュニティとは，第一に，優秀な子孫を生産するという目的のため，支配者によって決定される男女の組み合わせである。第二に，喜びと悲しみの共有に基づき，身内びいきなしに平等に配慮し合うコミュニティである。家族を解体し，これら二つのコミュニティを構築することで，プラトンは，個人のうちに特定の個人や集団に対する帰属意識や愛情が生じることを防ぎ，国家全体に対する帰属意識や愛情を生じるようにした，と言えるだろう。

プラトンが以上のように国家によって統制された妻子共有制度を提案したのに対して，ゼノンはむしろ，偶然に任せた男女の組み合わせと子づくりを

---

55) プラトン『国家』458B-460D.
56) Idem 465D8-9.
57) Idem 459A-460A.
58) Idem 464C-465C.
59) Idem 462B-465C.

提案したようである。ディオゲネス・ラエルティオスは次のように報告している。

ディオゲネス・ラエルティオス『哲学者列伝』7. 131（= SVF 1. 269）.

　また，知者たちの間では女たちは共有であるべきだから，したがって，たまたま出会った男と女が交わりを結ぶことになる，と彼ら〈＝ストア派〉は主張している。これは，ゼノンが『国家』の中で，またクリュシッポスが『国家について』のなかで述べていることである（だが，キュニコス派のディオゲネス[60]とプラトンもまたこのようなことを主張している）。そして，もしそうすればわれわれはすべての子どもに対して平等に父親の仕方で愛情を抱くであろうし，また姦通にもとづく嫉みも取り除かれるだろう。

　この報告から，ゼノンは『国家』において，子どもが平等に愛情を注がれること，また，嫉妬による市民間の争いを予防することを目的として，市民，すなわち知者たちは，誰が自分の子どもかわからなくなるような仕方で自由に交わるべきだ，と主張したと言える。

　なお，ゼノンとクリュシッポスは妻子共有制度を肯定しなかったという解釈が存在するが[61]，この解釈は，上述のように，ピロデモスの報告においてゼノンが実際に社会制度の変革を提案したことが示唆されていることと，いま引用したディオゲネス・ラエルティオスの報告においてゼノンがプラトンと同様の目的（嫉妬の除去）に言及していることから，退けられるべきである。

　プラトンの提案と比較すると，ゼノンの提案は家族に取って代わるべき新しいコミュニティの構築について明確に語っていないようである。優秀な子孫をつくるということは目的にされないので，支配者によって決定される男女の組み合わせは存在しない。また，子どもが平等に愛されること，嫉妬が取り除かれることが，プラトンの提案と同様に，妻子共有の効果として言わ

---

60) 口説き落とした男が口説き落とされた女と交わり，子どもも共有するべきだ，と述べたと言われる（ディオゲネス・ラエルティオス『哲学者列伝』6. 73）。
61) Vogt（2008）; Gill（2013）.

れているが，市民が喜びと悲しみの共有によって相互に結ばれているということは，ゼノンにおいて言われていない。そのため，子どもに対する平等な愛情の他に，市民相互の結びつきが存在するのかどうか，不明である。

　ゼノンの『国家』における市民相互の結びつきについて，より多くを知るための手がかりは，エロス（愛）についてのストア派の主張に見いだすことができる。

　まず，アテナイオス（2世紀末-3世紀初め頃盛年。作家・文法家）による，ゼノンの『国家』についての報告を見てみよう。

アテナイオス『食卓の賢人たち』13. 561C（＝SVF 1. 263/LS 67D）．

　　キティオンのゼノンは，エロスは，友愛，自由，さらにまた協調をもたらすが，これらの他のものは何一つとしてもたらさない神であると考えたと，ポンティアノスは言った。それゆえ，『国家』の中でも，「エロスは，国家の保全のために助ける神である」と言ったのである。

　極めて断片的な報告だが，少なくとも，ゼノンが『国家』において国家の保全のために市民のあいだにエロスが存在することが必要だと主張した，と解釈できるだろう。

　ストア派一般のエロスの理論について，もう少し詳しいことが，つぎのディオゲネス・ラエルティオスの文章からわかる。

ディオゲネス・ラエルティオス『哲学者列伝』7. 129-130（＝SVF 1. 248）．

　　また，知者は，徳へのよい素質をその容姿によって示している若者たちを愛するだろう，と彼らは主張している。ゼノンが『国家』においてこのように述べ，またクリュシッポスは『さまざまな生について』の第一巻において，さらにアポロドロスも『倫理学』において述べている。
　　また，エロスは表に現れている美しさのゆえに友人になりたいという衝動であると，彼らは主張している。すなわち，性的な交わりへの衝動ではなく，友愛への衝動であるということである。〈…〉クリュシッポスも『エロスについて』で述べているように，エロスは友愛への衝動なのである。

第 2 章　ゼノンの『国家』――知者たちの共同生活

　この文章から，ゼノンが『国家』において，知者が若者と徳に基づく友愛関係を結ぶと主張したことがわかる。ここでとくに若者に対する知者の愛が言われていることから，ゼノンは年長者と若者の間の教育的な同性愛――プラトンの『饗宴』において称揚されているような――の形式を念頭においていたようである。したがって，ゼノンの理想国家には，家族に代わるコミュニティとしてこのような徳に基づく男性間の教育的なコミュニティが存在する，と，ひとまず言うことができる。

　しかしながら，徳に基づく友愛関係は年の離れた男性どうしに限定されており，女性，あるいは同年代の男性は，その友愛関係から排除されていたのだろうか？　以下の理由から，ゼノンは，性別および年齢にかかわらず，市民のあいだに徳に基づく友愛関係が存在すると考えていたようである。

　まず，性別については，スコフィールドが指摘しているように[62]，ストア派が徳について女性と男性を差別していないこと，また，ゼノンが教育に関して少年と少女の両方に対して同じことが適切であると主張していることから[63]，この教育的な友愛関係に少女も含められていると考えられる。

　次に，年齢に関しては，以下の点を指摘したい。まず，エロスが徳の美しさによって生じるならば，年齢はエロスのもたらす友愛関係について無関係であるはずである。また，ゼノンが『国家』において知者は「友」であると主張したということから，理想的なコミュニティにおいて，市民はお互いに友愛関係で結ばれているとゼノンは主張したと考えるべきである。

　性別と年齢についての以上の点に加えて，ゼノンの『国家』におけるいくつかの主張は，全ての市民のあいだで徳に基づく友愛関係が成立しうると考えた方が，より説得的になるということも注意したい。第一に，エロスは国家の保全を実現するという主張は，エロスのもたらす友愛関係，すなわち徳にもとづく友愛関係が年少者と年長者のカップルに限定されていると考えるよりも，全ての市民のあいだで徳にもとづく友愛関係が成立しうると考えた方が，納得のいくものになるだろう。第二に，子づくりについて，男女の組み合わせは完全に偶然によるという不可解な主張も，あらゆる市民（知者）

62）　Schofield（1991）43-46.
63）　セクストス・エンペイリコス『ピュロン主義哲学の概要』3. 245（＝SVF 1. 250）.

のあいだに性的な欲求を伴わない友愛関係が成立しうるとゼノンが考えていたとすれば理解できる。すなわち，市民たちは互いの徳のゆえに誰に対しても強い愛情を持ちうるのだから，子どもをつくるという理性的な目的を達成するために，誰とでも協力したとしても，それほど不思議ではないだろう。

　以上のことから，ゼノンは理想的なコミュニティにおいて，血縁に基づく家族というコミュニティを解体するとともに，徳に基づいた，あらゆる市民のあいだに成立しうる友愛のコミュニティを構築した，と私は結論したい。

　ゼノンの主張をこのように理解したとき，エロスは個人の徳に対して向けられるという点がその重要な特徴としてあらわれる。プラトンは『国家』において家族を解体し，支配者の決定による男女の結合と共感にもとづく不特定多数に対する配慮を導入することによって，特定の個人に向けられる愛情を徹底的に取り除いた。それに対してゼノンは，特定の個人に対する愛情を徳に基づく理性的な性質のものに変化させるべきであると主張したと考えられるのである。すなわち，ゼノンによれば，徳は整合的な信念の体系である以上，私はある個人を，その人に（あるいはその人の所属するコミュニティに）固有である物語や身体的特徴（総じて「かけがえのなさ」と言われるようなもの）などのために愛するべきなのではなく，ある普遍的なもの（つまり，原理的に誰でも獲得することのできる整合的な信念の体系）がそこにおいて固有の時間と場所を持って現れているものとして，特定の個人を愛するべきである，ということになる。別の言い方をすれば，ゼノンの理想国家論は，特定の個人への愛情を全人類の利益のための手段として正当化するという現代の過激なコスモポリタニズムの形式を取らないが，他方で，家族や地域社会などの伝統的なコミュニティを無批判的に肯定せず，自分と他人を理性的な存在者として見なして倫理的な関係を築くべきであるという，普遍主義的な主張をしていると言うことができる。したがって，ゼノンの主張は，愛情や友情について一定の形式による正当化を求める規範的な理論である（すなわち，友情や愛情は個人の徳に基づいていなければならない）という点で批判されるかもしれないが，少なくとも愛情や友情を全人類の利益を実現するための手段へと貶めているという批判は免れるだろう。

　個人とコミュニティの関係について最後に考察したいのは，ゼノンは理想

第2章　ゼノンの『国家』——知者たちの共同生活

的なコミュニティと現実におけるコミュニティの関係をどのようなものとして捉えていたか，ということである．

ピロデモスの批判によると，ゼノンは自分の理想国家を，「彼が存在していた場所，また，彼が暮らしていた時代において役に立つものとして示す」と述べた．どうやらゼノンは，ピロデモスやプルタルコスの手厳しい批判にもかかわらず，自分の語る理想的なコミュニティが人々の暮らしに実際に役立つと考えていたらしい．ゼノンの理想国家は，市民が全員知者でなければ成立しない．このような非現実的なコミュニティが単なる哲学者の夢ではなく人々の暮らしに役に立つとは，どういうことだろうか？

資料の不足のため，この点について明確な結論を述べることはできないが，プラトンの『国家』とゼノンの『国家』の類似（書名の一致と，一般的な教養教育の批判，私有財産の禁止，妻子共有制度の導入などの内容の類似）を考慮すると，おそらくゼノンは，理想国家の役割についてもプラトンの『国家』から影響を受けていると考えられる．プラトンは，自分の描写した理想国家について，それは理想的な範型として存在するということをソクラテスに語らせている．すなわち，描写された理想国家を見ることによって現実の国家と個人の内面をよりよくすることが重要であり，現在，あるいは将来そのような国家が存在するかしないかは重要ではないということ，また，そのような国家は細部にわたって完璧に実現可能なものとして考えられるべきではないということを，ソクラテスに語らせている[64]．したがって，プラトンは『国家』において，現実をそれへと近づけることが可能であるような範型として理想国家を描写したと解釈できる[65]．もし，ゼノンも理想的な範型として知者の国家を構想したとすれば，知者のあいだに成立する，徳に基づくエロス的なコミュニティは理想的な範型として存在するのであって，私たちは，家族，地域社会，仕事上の交際関係，国家などの現実のコミュニティをこの範型へと近づけるように努力するべきである，というのがゼノンの主張だったと推測される．ゼノンの社会貢献についてのエピソード——ゼノンが公衆浴場の改修に出資したことや，マケドニア王アンティゴノス2世のもとへ自分の弟

---

64) プラトン『国家』472C-473B, 500D-501C, 592B.
65) ただしプラトンの真意については諸説ある．Morrison（2007）などを参照．

子を派遣したこと[66]——は,人々の暮らしを範型へと近づける地道な努力を,彼が自分の人生において実践したことを示しているのかもしれない[67]。

まとめ——ゼノン以降のストア派

　本章において明らかになったように,ゼノンが『国家』において論じたのは,知者たちの共同生活としての理想的なコミュニティだった。そして,ゼノンがそのようなコミュニティを構想する際の論拠となったのは,法を徳として再定義することである。ゼノンの『国家』は,自由な市民という,当時における特権的な関係性を全人類に対して拡張する試みであり,また,市民関係それ自体を理性的な能力に基づくエロス的関係として見直すことだった。このようなエロス的関係としての共同生活は,プラトンの理想国家と同様に,おそらく現実を改善するための範型として提示されたのである。

　最後に,つづく章で考察される,ゼノンによって提案された知者のコミュニティが彼以降のストア派にどのように受け継がれたかということについて,簡単な道筋を示したい。ゼノンの提案は,教育制度や家族制度など,現実の社会制度に対する直接的な批判も含んでいたが,彼以降のストア派においては,知者のコミュニティは主に個人が内面に抱く理想として主張されるようになった。クリュシッポスは,『国家について』という著作において妻子の共有を提案するなど,現実の社会に対してゼノンと同様の批判をしたが,それと同時に,宇宙全体が知者と神々を市民とする理想的なコミュニティであるという,新しい主張を展開した。クリュシッポスにおいては,このように宇宙全体が理想のコミュニティであるため,理想のコミュニティに所属するためには必ずしも社会を変革する必要はなくなった(第3章を参照)。過激な社会変革を求める主張は中後期ストア派においては完全に撤回され,親子

---

66) ディオゲネス・ラエルティオス『哲学者列伝』7. 6-13 (＝SVF 1. 3).
67) 初期ストア派の政治的活動を詳しく考察した研究としては,Erskine (1990) が挙げられる。

関係や夫婦関係を知者の関係を範型として改善するという，より現実的な主張がなされるようになった（第5章を参照）。

第3章
クリュシッポス
―― 宇宙に拡がる互恵関係

　第2章で見たように、ゼノンは、法を徳として再定義することによって知者だけを市民とするコミュニティを導き出し、また、この知者の友愛のコミュニティを、人々が参照すべき理想的な範型として描写した。

　現代のコスモポリタニズムの核心的な主張は、序章で確認したように、「各人は倫理的に対等な価値を持ち、その価値は普遍的な射程を持つ何らかの責任を発生させるということ」[1]である。ゼノンの理想国家論は、同じコミュニティの一員となる可能性をあらゆる人間に開いたという点で、あるコミュニティの一員にそなわる倫理的な価値を――少なくとも潜在的な市民としての価値を――あらゆる人間へ拡張している。また、理想的な国家は普遍的な法に従うべきであるというゼノンの主張は、現代のコスモポリタニズムにおける、正義についての中心的な主張[2]と同じである。こうした点を考慮すると、ゼノンの理想国家論は現代のコスモポリタニズムの起源だと言えるだろう。

　しかしながら、ゼノンの理想国家は、プラトンの理想国家と同様に、限られた場所で生活をともにする人々のコミュニティとして描写されていた。この点で、現代のコスモポリタニズムにおいて一般的に確認される、国境を越えたコミュニティ（環境保護団体、多国籍企業、ヨーロッパ連合など）が存在する、あるいは、全人類が一つのコミュニティを形成するという考えと、ゼノンの理想国家論は異なっている。国境という場所の限定を無くし、宇宙全体

---

[1] Brock and Brighouse (2005) 4.
[2] 正義についてのコスモポリタニズムに関しては、本書の序章を参照。

にまで知者のコミュニティを物理的に拡張したのは，ゼノンの孫弟子にあたるクリュシッポスである。(全人類が潜在的にではなく現在においてすでに一つのコミュニティを形成しているという考えは，第5章で見るように，中後期ストア派において初めて確認される。)

　現代のようなグローバル規模での社会的・経済的仕組みが存在しなかった古代ギリシアにおいて，宇宙全体が一つのコミュニティであるというクリュシッポスの主張はひどく奇妙に響いたはずである。プルタルコスは次のように言ってクリュシッポスの主張を馬鹿にしている。

プルタルコス『共通観念について』1076F（＝SVF 2. 645）.

　　宇宙がポリスであり星々が市民であるということについては，もしそうであるならば，明らかに，星々が同じ部族の者であるとか役人であるとか，太陽が評議会委員であり，宵の明星が政務委員，あるいは保安長官であるとか，そういうことになってしまうだろうが，そのような考えに反論する人々のほうが，そのような考えを述べたり説明したりする人々よりも，おかしな人間のように見えてしまうのではないだろうか。

　もちろん，すでに見たように，ストア派は法をはじめとした政治的な概念を再定義したのだから，クリュシッポスはここで言われているように既存の政治制度をそのまま宇宙全体へ拡張しようとしたわけではないだろう。しかしそれでは，宇宙全体が一つのコミュニティであるというクリュシッポスの主張はいったい何を意味し，どのような根拠によって論証されているのか？このような奇妙な主張の目的と実践的な意義はなんであるのか？　そして，この主張は，全人類に関わる規範の問題，また個人と特定のコミュニティの関係の問題にとって，どのような意義を持つのだろうか？

　これらの問題に答えることが，宇宙全体が一つのコミュニティであるという，現代のコスモポリタニズムにおける重要な考えの起源を明らかにするために，必要である。本章において，次のような手順で考察を行う。まず，この奇妙な主張についての主要な報告を参照し，基本的な内容を再構成する（1-1）。そして，宇宙は実際にポリスであると言われているのか，それとも単

郵便はがき

料金受取人払郵便

左京局
承認
2176

差出有効期限
2020年12月31日
まで

(受取人)

京都市左京区吉田近衛町69

京都大学吉田南構内

京都大学学術出版会
読者カード係 行

購入申込書

書　名	定　価	冊　数
		冊
		冊

下記書店での受け取りを希望する。

　　　　都道　　　　　市区　　店
　　　　府県　　　　　町　　　名

直接裏面住所へ届けて下さい。

お支払い方法：郵便振替／代引　公費書類(　　)通　宛名：

送料　ご注文 本体価格合計額　2500円未満380円／1万円未満：480円／
1万円以上：無料　代引の場合は金額にかかわらず一律230円

京都大学学術出版会
TEL 075-761-6182　学内内線2589 / FAX 075-761-6190
URL http://www.kyoto-up.or.jp/　E-MAIL sales@kyoto-up.or.jp

お手数ですがお買い上げいただいた本のタイトルをお書き下さい。
(書名)

■本書についてのご感想・ご質問、その他ご意見など、ご自由にお書き下さ

■お名前
                                                            (

■ご住所
〒
                                        TEL

| ■ご職業 | ■ご勤務先・学校名 |

■所属学会・研究団体

■E-MAIL

●ご購入の動機
　A.店頭で現物をみて　　B.新聞・雑誌広告(雑誌名
　C.メルマガ・ML (   )
　D.小会図書目録　　E.小会からの新刊案内(DM)
　F.書評 (   )
　G.人にすすめられた　H.テキスト　I.その他

●日常的に参考にされている専門書(含 欧文書)の情報媒体は何ですか。

●ご購入書店名

　　　　都道　　　　市区　　店
　　　　府県　　　　町　　　名

※ご購読ありがとうございます。このカードは小会の図書およびブックフェア等催事ご案内のお届
　広告・編集上の資料とさせていただきます。お手数ですがご記入の上、切手を貼らずにご投函下
　各種案内の受け取りを希望されない方は右に○印をおつけ下さい。　案内不要

に比喩的にポリスのようなものであると言われているのかという問題(1-2),また,知者以外の人間が市民として考えられているかどうかという問題(1-3)に取り組む。以上のようにクリュシッポスの主張を再構築した上で,その根拠について,第2章で分析した法についての議論を参照しながら検討する(2-1)。さらに,クリュシッポスの主張の目的と(2-2),実践的な意義を(2-3),クリュシッポスの宇宙論と神学に注目しながら考える。最後に,クリュシッポスの主張の意義について,全人類に関わる倫理的な関係の問題(3-1)と個人とコミュニティの関係の問題(3-2)の観点から論じる。

1 クリュシッポスの主張の意味

1-1 基本的な主張

クリュシッポスの「宇宙全体が一つのコミュニティである」という主張について,複数の報告を参照し,この主張の基本的な内容を確認したい。まず,クリュシッポスの名前に言及しながら述べている報告を引用しよう。

ピロデモス『敬虔について』col. 7. 21-27(= SVF 2. 636).

> 彼〈=クリュシッポス〉は,似たようなことを,『自然について』においても上述の〈詩人たち〉,およびヘラクレイトスの教えに結びつけながら書いている。すなわち,第一巻においても,「夜」は最初の女神であるということを述べている。第三巻において,思慮ある人々にとって宇宙は一つであり[3],宇宙は神々と人間によって共同で統治されている,そして闘争と神は同一である,と述べている。ヘラクレイトスもまたそう述べるように。

ストバイオス『精華集』1. 21. 5(= SVF 2. 527).

> クリュシッポスは次のように述べている。宇宙は天と地とこれらのうち

---

[3] この「思慮ある人々にとって宇宙は一つであり(τὸν κόσμον ἕνα τῶν φρονίμων)」という文の翻訳については,Obbink (1999) 185 を参照。

にある自然的なものからなる組織である。あるいは，神々と人間たちと，彼らのために生じたものからなる組織である。

これらの文章から，クリュシッポスが，宇宙全体は神々と人間たちを構成員とする組織である，と主張したことがわかる。

さらに，以下で引用するアレイオス[4]とキケロによる二つの報告において，宇宙全体が一つのコミュニティであるという考えがより詳しく述べられている。これらの証言においては単に「ストア派」と言われ，クリュシッポスの名前は挙げられていない。しかしながら，上に引用したストバイオスのテクストにおける，宇宙が「神々と人間たちと，彼らのために生じたものからなる組織である」という表現との類似がアレイオスの報告において確認されることから，これらの報告において言及されている考えはクリュシッポスに由来すると推測される[5]。

アレイオス・ディデュモス「断片」[6]（下線による強調は引用者による）．

また，宇宙は神々と人間の住居であり，神々と人間と，彼らのために生じたものからなる組織であると言われる。というのも，ポリスが二通りの仕方で言われる仕方，すなわち住居であるとも，また，市民とともに住む人々の組織であるとも言われるその仕方で，宇宙もまた，神々と人間から構成されたポリスのようであり〈οἱονεὶ πόλις ἐστὶν ἐκ θεῶν καὶ ἀνθρώπων συνεστῶσα〉，神々は主導権を持ち人間はこれに従っていると言われるからである。神々と人間の間に共同体が存在するのは，自然による法であるロゴスに与っていることによる。そして他のすべてのものは，彼らのために生じたのである。それらのことの帰結として，全体を統治する神が，人間たちのことを配慮しており，また，神は善意を持ち，有益で，人間愛を持

---

4) アレイオス・ディデュモス（1世紀頃-3世紀頃？）は，ストア派とペリパトス派の学説について本を書き，エウセビオスとストバイオスにおいてその断片が保存されている。一般に，アレクサンドレイア市民で，初代ローマ皇帝アウグストゥスの哲学教師だったアレイオス（前1世紀頃盛年）と同一視される。
5) Schofield (1991) 67, 83; Chiesara (2001) 83.
6) 本断片は，エウセビオス『福音の準備』15. 15. 3-8（＝SVF 2. 528/LS 67L）において保存されている。

第3章　クリュシッポス——宇宙に拡がる互恵関係

ち，正しくあるとともにあらゆる徳を持っていると考えなければならない。それゆえ，宇宙はゼウスであるとも言われる〈…〉。また〈…〉宇宙は宿命とも呼ばれる。〈…〉また，摂理とも呼ばれる〈…〉。

キケロ『神々の自然本性について』2. 154（＝SVF 2. 1131）。（下線による強調は引用者による）

　　第一に，宇宙そのものは神々と人間たちのために創られたのであって，宇宙のうちにあるあらゆるものは，人間たちの享受のために供給され考案されたのである。なぜなら，宇宙は，言わば神々と人間たちの共同の住居，あるいは両者に共通の都市であるのだから〈quasi communis deorum atque hominum domus, aut urbs utrorumque〉。<u>というのも，彼らだけが理性を用いながら，正しく，また法に適って生きているのだからである。</u>したがって，アテナイやスパルタがアテナイ人やスパルタ人のために設立されたのと同様に，また，これらの都市のうちにある全てのものはこれらの人々のものであると正当に言われるように，宇宙全体のうちにあるものは何であれ，神々と人間のものであると考えられなければならない。

　これら二つの文章の下線を引いた部分から，クリュシッポスが，人間と神々がともに法であるロゴスに従って生きているということを理由にして，両者のあいだに共同体が存在すると主張したとわかる。また，全体の論理構造に注目すると，宇宙がポリスであるという主張は，理想の国家制度を描写するために述べられているのではなく，宇宙に摂理が存在し，すべてのものは神々と人間のためにあるという自然学的な主張の根拠として用いられている（「それらのことの帰結として，全体を統治する神が，人間たちのことを配慮しており〈…〉あらゆる徳を持っていると考えなければならない。」「第一に，宇宙そのものは神々と人間たちのために創られたのであって〈…〉。なぜなら〈…〉」）。

　以上がクリュシッポスの主張の基本的な内容だが，ここで二つの疑問が生じる。最初の疑問は，クリュシッポスは単に比喩的な意味で宇宙がポリスであると述べただけではないかということである。すなわち，クリュシッポスは，宇宙は実際にコミュニティであると主張しているのではなくて，単に，

宇宙はあたかも一つのコミュニティのように秩序づけられているという主張をしているだけなのではないか，という疑問である．実際に，ゼノンは宇宙全体の秩序をポリスに喩えて説明したと報告されている[7]．さらに，上で引用したアレイオスとキケロの文章では，「ポリスのような」とか「言わば神々と人間たちの共同の住居，あるいは両者に共通の都市である」というような，比喩を示唆する表現が使われている．そこで，クリュシッポスが宇宙を本当に一つのコミュニティとして考えていたのか検討する必要がある．

つぎに，もし比喩ではなく実際に宇宙がコミュニティであるとクリュシッポスが主張した場合，また別の疑問が生じる．すなわち，知者以外の人間は市民としてこのコミュニティに含まれているのかということである．上で引用した文章において，知者だけが市民であるとは言われておらず，この点をはっきりさせる必要がある．以下でこれら二つの問題を取り扱う．

1-2 単なる比喩？

最初に，クリュシッポスが本当に宇宙全体を一つのコミュニティとして捉えているのかどうかという問題について考えたい．結論から言えば，クリュシッポスは宇宙全体を実際に一つのコミュニティとして捉えていたというのが私の解釈である．理由は以下の通りである．

まず，スコフィールドが指摘するように[8]，アレイオスの文章においてストア派がポリスを住居として定義している以上，ストア派が人間と神々の住居として宇宙を語るとき（冒頭の「宇宙は神々と人間の住居であり」），宇宙を比喩的な意味ではなく実際にポリスとして考えていると解釈することができる．

さらに，ストア派が宇宙を比喩的な意味でなく実際にポリスとして考えていたことの根拠として，アレクサンドリアのクレメンス[9]の報告[10]を挙げることができる．クレメンスによれば，ストア派が宇宙は本来的な意味で（κυρίως）ポリスであると述べたということである．

---

[7] エウセビオス『福音の準備』15. 14（= SVF 1. 98）において保存されている，アリストクレスの『哲学について』の断片において，このように報告されている．
[8] Schofield（1991）72–74.
[9] アレクサンドリアのクレメンス（150年頃–215年頃）は，キリスト教の神学者で，ギリシアの文学・哲学に精通していた．弟子に，オリゲネスがいる．

第3章 クリュシッポス――宇宙に拡がる互恵関係

したがって,宇宙が「ポリスのようなものである」という表現は,スコフィールドが言うように,むしろ一般的な言葉使いに配慮したために用いられたのであって,クリュシッポスは宇宙が実際に一つのコミュニティであると主張したと考えるべきだろう。

1-3 知者以外の人間も市民としてコミュニティに含まれるのか？

次に,宇宙というコミュニティに知者以外の人間も市民として含まれているか否かを考えたい。オビンクは,悪徳も含めて宇宙の全てが神の摂理によって統御されているとするストア派の自然学によれば,「知者ではない人間も,結局のところ,宇宙の摂理という枠組みの一部をなしている」ということになるとして,宇宙というポリスには物理的な部分として知者以外の人間が含まれていることを強調した[11]。また,フォクトはオビンクの主張をさらに発展させて,クリュシッポスは,愚者も含めた全人類が宇宙というポリスの市民であると論じたと解釈している[12]。フォクトの解釈のテクスト上の根拠は,アレイオスの報告において,宇宙が「市民」と「ともに住む人々」として神々と人間とを含み,前者が支配し後者が従うと言われていることである。フォクトは,この箇所から,クリュシッポス(およびゼノン)が,強い意味での市民と弱い意味での市民という概念を導入し,神々と人間の知者は強い意味での市民として,知者以外の人間は弱い意味での市民として,宇宙というコミュニティの構成員であると主張したと解釈している[13]。

しかしながら,私が思うに,クリュシッポスがそのような区別をここで導入しているのかは不明瞭である。「ともに住む人々」を,たとえ弱い意味であっても「市民」としてストア派が考えたという解釈を支持する証拠は十分

---

10) アレクサンドリアのクレメンス『ストロマテイス(雑録集)』4. 26. 172 (= SVF 3. 327):「というのも,ストア派もまた,天は本来的な意味でポリスであると述べているからである。この地上にあるポリスはポリスではない。すなわち,ポリスと言われているが,ポリスではないのである。なぜなら,ポリスあるいは国は,何かよいものでありまた都会的であるような組織,すなわち法によって統治されている人間の集合だからである。ちょうど教会がロゴスによって統治されているように。」

11) Obbink (1999) 190.

12) Vogt (2008).

13) Idem 92-93.

でない。フォクトは，プルタルコスによるゼノンの『国家』についての報告[14]とアレイオスの報告を合わせて，ストア派が全人類を「市民」としたという解釈の証拠としている。だが，すでに第2章で指摘したように，プルタルコスの報告において用いられる「すべての人間」という表現は実際には知者を意味すると解釈するべきである。また，アレイオスの文章において，区別されているのは神々と人間であり，知者と知者以外の人間ではない。したがって，この区別は「市民」という概念についての区別ではなく，むしろ，神々が宿命や摂理という仕方で宇宙を支配しているのに対して人間はそのような仕方で宇宙を支配していないということを意味しているのかもしれない。

とはいえ，アレイオスとキケロの文章において「神々と知者」ではなく「神々と人間」という表現が用いられていることから，フォクトのように，やはりあらゆる人間が宇宙というポリスの市民として考えられていると解釈するべきではないか，という疑問が生じるかもしれない。だが，以下の理由から，「神々と人間」という表現は，より正確には「神々と人間の知者」を意味しており，知者以外の人間は市民として考えられていないとするべきである。

まず，いくつかの報告において用いられている表現は，ストア派が宇宙を知者のコミュニティとして考えていたことを示唆している。上で引用したピロデモスの報告において，「思慮ある人々にとって宇宙は一つである」とクリュシッポスが述べたとされており，この文章は，思慮ある人々，すなわち知者が宇宙という一つのコミュニティを形成するというのがクリュシッポスの考えだったことを示している。また，バビュロニアのディオゲネスが，「無思慮な人々にとってはポリスも法もなく，神々と知者の組織体にとってポリスと法がある」[15]と述べたと伝えられており，ここで「神々と知者の組織」は「無思慮な人々」と明確に対比させられている。したがって，上で引用した文章において神々と人間がコミュニティをなすと言われているとき，より正確には，「神々と知者」がコミュニティをなすと言われていると考えられる。

---

14) プルタルコス『アレクサンドロスの運または徳について』329A-B（= SVF 1. 262）.
15) ピロデモス『弁論術について』（= Sudhaus 2. 212；SVF 3. Diogenes Babylonius Fr. 126）.

第 3 章　クリュシッポス——宇宙に拡がる互恵関係

　さらに，アレイオスとキケロの報告をクリュシッポスの法の理論と合わせて考えると，知者以外の人間は，宇宙というコミュニティの市民として認められなかったと解釈するべきである。アレイオスの報告において法はロゴスであると明言されており，キケロの報告においても法に適って生きることと理性に従って生きることが結びつけられている。ところで，第 2 章で確認したように，クリュシッポスは法を正しいロゴスとして，すなわち徳として再定義したということだった。これらのことを考えると，人間と神々が同じ法に従うとクリュシッポスが述べているとき，法とは徳を意味していると考えられる。また，知者と神々は同一の徳をもつという主張をクレアンテスとクリュシッポスに帰す報告[16]も，神々と人間がともに従うと言われている法とは徳であるという，私の解釈を裏づけるだろう。したがって，知者ではない人間は徳に従って生きていない以上，彼らは神々と同一の法に従って一つのコミュニティを形成することができないということになる。

　以上のことから，宇宙は神々と人間の知者を市民とするコミュニティであるというのがクリュシッポスの主張だったと考えるべきである。とはいえ，知者ではない人間がこのコミュニティから完全に排除されたとまでは言えない。なぜなら，本書の 1 章 1 節で述べられたように，ストア派において知者ではない人間が倫理的に向上して知者になるということが認められているからである。ディオンが，神々の共同体にあらゆる理性的な存在が子どものような存在として含まれると述べていることからも，むしろ，知者ではない人間は潜在的な市民であると，クリュシッポスは主張したと考えられる[17]。（ただしあくまで潜在的な市民であって，フォクトが言うような，現にポリスの構成員で

---

16)　テミスティオス『弁論集』2. 27c.（Cnobloch 2. 27c = SVF 3. 251），プルタルコス『共通観念について』1076A（= SVF 3. 246/LS 61J）．
17)　ディオン・クリュソストモス『弁論集』36. 23（= SVF 3. 334）：「そのような，神々のお互いのための共同体を，完全に幸福な一つの国制あるいはポリスと呼ばなければならない。そしてもしあらゆるロゴス的な存在者を〈ポリスのうちに〉含めるならば，子どもたちが大人とともにポリスに参加していると言われるような仕方で，人間たちも神々とともにその数に入れられる。子どもたちは，自然本性によって市民なのであって，市民の役割に関して考えたり行為したりすることによって，あるいは法を共有することによって市民なのではない（子どもたちは法について理解していないのだから）。」ただし，ここでディオンは国制についてのストア派的な考えを述べているだけであり，ストア派の主張を忠実に報告しているわけではない。

あり，「強い意味での市民」に支配される「弱い意味での市民」ではない。クリュシッポスが構想したのはそのような階級が存在する共同体ではなく，後述するように，宇宙に点在する知者の相互利益ネットワークである。なお，現に存在する全人類が一つのコミュニティの構成員であるという考えは，第5章で見るように，中後期ストア派において初めて確認される。）

2　クリュシッポスの主張の根拠，目的，実践的な意義

2-1　根拠——法の徳としての再定義

さてそれでは，宇宙は知者と神々を市民とするコミュニティであるという主張を，クリュシッポスはどのような根拠によって主張したのだろうか？

まず，知者が一つのコミュニティをなすということについては，ゼノンと同じ論拠，すなわち，法を徳として再定義し，さらにポリスと市民を徳に関連づけて再定義することを，クリュシッポスもまた用いたと考えられる。なぜなら，すでに述べたように，アレイオスとキケロの報告において，知者と神々に共通のポリスが存在するということの根拠として，法が正しいロゴス，すなわち徳であるということが言われている（「なぜなら，彼らだけが理性を用いながら正しくまた法に適って生きているのだから」「神々と人間の間に共同体が存在するのは，自然による法であるロゴスに与っていることによる」）からである。また，クレメンスの報告[18]において，宇宙が本当のポリスであることの根拠は，ポリスが「よいもの」，すなわち徳に関連するものであるということである（「ストア派もまた，天は本来的な意味でポリスであると述べているからである。〈…〉なぜなら，ポリスあるいは国は，何かよいものでありまた都会的であるような組織，すなわち法によって統治されている人間の集合だからである」）。

したがって，クリュシッポスの主張の根拠は，ゼノンと同じく，法が徳であるということだと考えられる。ゼノンにおいて神々は市民として想定されていなかったが，知者と神々は同一の徳を持つというストア派の主張[19]を考

---

18) アレクサンドリアのクレメンス『ストロマテイス（雑録集）』4. 26. 172（= SVF 3. 327).
19) たとえば，キケロ『法律について』1. 25（= SVF 3. 245).

慮すれば，市民を人間に限定することよりも神々へと拡張することの方が論理的に整合していると言えるだろう。そしてもし神々が市民として含まれるのであれば，神々と人間の共通のコミュニティとは宇宙全体であると主張することは——信仰を内面的なものとして捉える傾向の強い現代人にとっては理解しがたいことかもしれないが——クリュシッポスにとってはおそらく論理的だった。というのも，クリュシッポスの神学によれば，神々は宇宙全体に行き渡っており，また，水や土や空気，さらには星々といった物体が神々であったからである[20]。神々が宇宙や元素や星々であるとすれば，知者と神々に共通のポリスあるいは住居とは何であるかという問いに対して，宇宙であるという答えは最も有力な候補だろう。

2-2 目的——倫理学と自然学の接続

次に，クリュシッポスの主張の目的について考察したい。この問題について，クリュシッポスは単にゼノンの主張をより整合的な形で述べることを目指したと解釈することもできるかもしれない。たとえばスコフィールドは，おそらくクリュシッポスにはゼノンの主張を大きく修正しているという意識はなく，ゼノンの考えの論理的な帰結（市民の範囲が神々へと拡張されること）をより明確な形で表現しただけであると述べている[21]。あるいは，クリュシッポスの主張を，クレアンテスによるゼウス頌歌の散文的な言い換えとして考えてもよいだろう。クレアンテスの敬虔な詩において，宇宙はゼウスの統治に従うものであり，知者は共通の法に従うが愚者は共通の法から逃れようとするということが語られている[22]。

しかしながら，クリュシッポスが宇宙はコミュニティであると主張するとき，彼はゼノンの主張をより明確にするということ以上のことを目指していたように思われる。というのも，上で引用した，宇宙がポリスであるというクリュシッポスに由来する考えは，すべて自然学的な議論に組み込まれてい

---

20) たとえば，キケロ『神々の自然本性について』1. 39-41（＝SVF 2. 1077/LS 54B）。また，上で引用したプルタルコス『共通観念について』1076F（＝SVF 2. 645）において，星々が市民として言及されている。
21) Schofield (1991) 102.
22) ストバイオス『精華集』1. 1. 12. 1ff.（＝SVF 1. 537/LS 54I）。

る。理想のコミュニティという倫理学的な議論と宇宙の構造という自然学的な議論を接続させることは，もしクリュシッポスの目的が単に市民の範囲を神々へと拡張することによってゼノンの主張をより整合的にすることだったとすれば，不必要だっただろう。また，クリュシッポスが着想を得たのがクレアンテスやヘラクレイトスによる宇宙の描写からだったとしても，クリュシッポスが詩的な比喩によってではなく論理的な形式によって宇宙が一つのコミュニティであると述べている以上，クリュシッポスの主張の目的を考察することが必要である。いったい何のために，宇宙が一つのコミュニティであるという奇妙な主張をクリュシッポスはしたのだろうか？

私の考えでは，クリュシッポスの目的は，知者のコミュニティというゼノンによって提示された理想を，自然学的な議論と接続させることによって，理論的に補強することである。

ピロデモスの文章において，クリュシッポスは宇宙が神々と人間によって統治されるという主張を『自然について』の第3巻において述べたと言われている。また，アレイオスとキケロの文章において，宇宙がポリスであるという主張は，神の摂理が存在し，人間と神々以外のものはこれら両者のためにつくられているという自然学的な主張の前提として導入されている。（なお，宇宙がポリスであるという主張が神の摂理の存在を証明するために用いられている事例として，他にマルクス・アウレリウスの文章も挙げることができる[23]。）

このように，宇宙がポリスであるという主張を自然学的な議論と接続させることは，ストア派において重視された自然学と倫理学の整合性——自然学，倫理学，論理学の分野の知識は互いに整合しながら一つの体系をつくり[24]，卵や動物，庭の各部分のように有機的な繋がりを持つものだとされた[25]——を考慮すると，知者のコミュニティという倫理学の議論を補強する効果があると考えられる。すなわち，知者のコミュニティが理想的な範型として存在するということを主張するために，政治的な概念を再定義し，知者のコミュ

---

23) マルクス・アウレリウス『自省録』4.3.
24) 第1章1節を参照。
25) この点についてはディオゲネス・ラエルティオス『哲学者列伝』7. 40（SVF 2. 38b/LS 26B）およびセクストス・エンペイリコス『学者たちへの論駁』7. 16（＝SVF 2. 38）を参照。

ニティを描写するという倫理学的な方法に加えて、さらに、神の摂理についての自然学的な主張の前提として、知者のコミュニティが存在するという主張に同意しなければならないという、自然学的な方法を用いることができる、ということである。

2-3 実践的な意義——星々と神話

ここでさらに、宇宙は神々と人間の知者を市民とするコミュニティであるというクリュシッポスの主張について、その実践的な意義について考察したい。なぜなら、以下で指摘するように、知者のコミュニティという主張が自然学に組み込まれることによって、この主張は新たな意義を得たからである。

まず指摘しておきたいのは、クリュシッポスが宇宙と神々を人間にとっての範型として考えていたということである。たとえば、キケロがクリュシッポスの考えを紹介している文章において、人間は「宇宙を観想し模倣するために生じた」ということ、また、宇宙の特定の部分、すなわち人間と、宇宙全体、すなわち神の関係は、不完全な部分と完全な全体、あるいは子どもと大人のような関係である、ということが述べられている[26]。このように、宇宙と神々を人間にとっての範型として考えることによって、宇宙は神々と人間の知者を市民とするコミュニティであるという主張は、以下の二つの実践的な意義を持つようになる。

第一に、理想的な範型は哲学者の空想ではなく、すでに現実に存在している宇宙であるということになる。このことは、知者のコミュニティは非現実的であるという批判に対する反論として機能するとともに、ストア派の教えを実践しようとする人間にとっての心理的な支えとして機能するだろう。たとえば、マルクス・アウレリウスは、星々の運行を眺めながら、星々が秩序正しく自分の務めを果たしていることを思い起こすことによって、自分の身を潔めることができる、と述べている[27]。

第二に、神々を市民とすることによって、神話や詩をストア派の哲学的な

---

26) キケロ『神々の自然本性について』2. 37-39 (＝SVF 2. 641, 2. 1153/LS 54H):「だが、人間自身は、宇宙を観想し模倣するために生じた。人間は決して完全なものではなく、完全なもののある特定の部分である。」

主張を補強するための，正当かつ効果的な手段として用いることが可能になる。クリュシッポスは，オルペウスやホメロスなどの詩人たちによって神々について語られた言葉を，ストア派の主張に適合させようとしたと言われている。たとえばセネカは，クリュシッポスは優美の女神カリスたちについて，女神たちの名前や外見などの「くだらないこと」に彼の著作（おそらく『カリスたちについて』[28]）の大半を費やしており，恩恵（ギリシア語の「カリス χάρις」は優美，好意，恩恵，恩恵に対する感謝などを意味する）についての真剣な議論をないがしろにしていると批判している[29]。セネカの言う「くだらないこと」とは，より具体的に言うと，女神たちは「なぜ三人で，なぜ姉妹なのだろうか？　なぜ彼女たちは手を組んでいるのだろうか？　なぜ笑っていて，若く，処女であり，縛られない透き通った衣をまとっているのだろうか？　彼女たちの，手をつなぎ，もとに戻って行く舞踏は何を意味するのか？」などの問いを立て，「恩恵の系列は，手によって渡されて行くが，それでもなお恩恵を与える者に戻って行くからである」「恩恵は見られることを欲するからである」などと主張するようなことである[30]。

　このように神々についての神話や詩を根拠として哲学的な主張を述べることは，セネカの目には不誠実に映った。だが，もし神々が人間の模範であり，また詩人たちが正しいことを語っているならば，神話や詩のこのような利用は，知者のコミュニティという抽象的な範型を，視覚的なイメージとリズム，そして伝統という集合記憶に訴えながら論証するための，正当かつ効果的な手段だろう。興味深いことに，このクリュシッポスの試みのように，抽象的な範型に具体性を与えようすることは，現代のコスモポリタニズムの議論に

27）　マルクス・アウレリウス『自省録』11. 27：「ピュタゴラス派の人々は，早朝に天を仰ぎ見て，恒常的にまた同じ仕方で自分たちの仕事を果たしている者達のことを，またその秩序と純粋さと裸であることを思い起こすように，と言う。なぜなら星にはいかなる覆いもないからである。」Idem 7. 47でも同様のことが言われている。
28）　ピロデモス『敬虔について』col. 7. 3–12（＝SVF 2. 1081）に，クリュシッポスが『カリスたちについて』という本を書いたと述べられている。
29）　セネカ『恩恵について』1. 3. 8–1. 4. 6（＝SVF 2. 1082）。これらの主張をセネカは直接的にクリュシッポスに帰していないが，直後で複数にわたってクリュシッポスを名指しで批判し，また他の人物の名前は挙げていないことから，クリュシッポスがこのように論じたと考えてよいだろう。
30）　Ibidem.

おいてもしばしば見られる。たとえば，ヌスバウムは，ハーバーマスやロールズなどの，普遍的な正義を抽象的な原理によって確立しようとする論者を批判して，人々の思いやりを家族やごく身近な限られた人間のコミュニティの外へと拡張するためには，「愛」や「友情」などの抽象的な考えだけではなく「比喩や象徴，リズム，メロディー，具体的な地理的特徴その他の道具」を用いなければならないと主張している[31]。ヌスバウムの場合は，このような考えから，ある特定の国家への健全な愛情を教育や芸術によって育むことが重要であるという主張に至るのだが，これに対して，クリュシッポスは，知者のコミュニティを人々が理想的な範型として心に強く抱くために，神話や詩を利用しているのである。

3　クリュシッポスの主張の意義

3-1　全人類に関わる倫理的な関係という考えの発展について——遠くの他者

　全人類に関わる倫理的な関係という考えの発展に関して，以上で明らかになったような，実在する宇宙全体が知者と神々のコミュニティであるというクリュシッポスの主張の，何が重要だろうか？

　まず，全人類が，物理的な距離にかかわらず，現存する一つのコミュニティに（少なくとも本来的・潜在的には）帰属するという主張は，クリュシッポスにおいて初めて成立したということが指摘できる。クリュシッポスがこのことを明言しているわけではないが，宇宙が一つのものとして現に存在していること，また上述のように，知者以外の人間もまた知者になることが可能であることから，宇宙は知者と神々のコミュニティであるという主張は以上のことを含意している。

　ゼノンはクリュシッポスと違って，全人類が本来的・潜在的には単一の国家に帰属するという考えを持っていなかったようである。というのも，ゼノ

---

31) Nussbaum (2013) 221.

ンの『国家』についての報告の中でポリスがしばしば複数形で言及されていること[32]は，知者のコミュニティが同時に複数存在することをゼノンが否定しなかったことを暗に示していると考えられるからである．

したがって，正義についての現代のコスモポリタニズムの発展の基礎は——それがいま現に存在する全人類を一つのコミュニティとして考えた上で，そのコミュニティに対する責任やそのコミュニティに適用される正義を論じるという形式をとる限りにおいて——クリュシッポスの主張にあったと言うことができるだろう（ただし全人類を潜在的な構成員とする理想的なコミュニティと区別されるような，現に存在する全人類を実際の構成員とするコミュニティという考えは，第5章で論じられるように，中後期ストア派において初めて確認される）．

別の重要な点として，物理的な距離にかかわらずに全ての人間のあいだに互恵的な関係が存在するべきであると，クリュシッポスが述べていることを指摘したい．優美の女神たちの舞踏によって表現される恩恵の無限回帰が示しているように，クリュシッポスにおいて理想的なコミュニティは互恵的な関係として考えられていた．さらに，クリュシッポスによれば，このような互恵的な関係は物理的な距離に依存しない．クリュシッポスを批判して，「もし一人の知者が，どこにいようとも，指を思慮深い仕方で伸ばすなら，世界中のあらゆる知者が利益を得る」，とプルタルコスが揶揄しているように[33]，知者の徳に適った行為は，たとえ些細な行為であろうと，物理的な距離に関係なく世界中の知者を益すると，クリュシッポスは考えたようである．

したがって，クリュシッポスは，不正の禁止という意味での正義だけを全人類に適用するべきであると主張したのではなく，相互的に利益を与えるという意味での正義を全人類に適用するべきであるという，より強い主張をしたということになる．ただし，「指を思慮深い仕方で伸ばす」というような，徳に従ってなされたあらゆることが，どのような仕方で遠く離れた知者に利

---

32) ディオゲネス・ラエルティオス『哲学者列伝』7. 33（= SVF 1. 259/LS 67B）で，「諸ポリスにおいて（ἐν ταῖς πόλεσιν）」というように複数形が用いられている．
33) プルタルコス『共通観念について』1068F（= SVF 3. 627）．この箇所ではクリュシッポスへの言及はないが，1076A（= SVF 3. 246/LS 61J）において，このような考えがクリュシッポスのものであるということが明言されている．

益をもたらすのかは不明なままである。スコフィールドが推測するように[34]，宇宙全体が気息（プネウマ）によって満たされており，人間の魂もその一部であるという，ストア派の自然学の理論がこの問題にとって重要なのかもしれない。あるいは，もし私が徳という共通の倫理的規範に敬意を払うならば，同じ共通の倫理的規範に従って生きている他人にとって敬意を払うことになり，その事実だけで，私はその人に利益を与えたことになる，とクリュシッポスは考えたのかもしれない。

いずれにせよ，クリュシッポスはゼノンの提案した範型とは異なる形の範型を提案したと言える。すなわち，ゼノンの描写した知者のコミュニティでは，知者たちは共同生活を送り，妻子を共有し，容姿を通じて表に現れた徳に基づく愛情によって結ばれている。これに対して，クリュシッポスの描写する知者と神々のコミュニティでは，お互いに見たことも会ったこともない知者の間に宇宙規模での互恵的な関係が存在する。したがってクリュシッポスは，目に見えない遠くの他者に利益をもたらすという倫理的な責任を全ての個人が持っているという主張を，おそらく哲学史上初めて明確に述べたと言うことができるだろう（ただし，上述のように，この主張の具体的な内容と論理構造は不明である）。

3-2 個人とコミュニティの関係について——伝統的なコミュニティの保存

個人とコミュニティの関係について考えたとき，クリュシッポスの理論の重要な点は，理想的なコミュニティの実現が伝統的なコミュニティの物理的な解体を前提しなくなった，ということである。

ゼノンの提案した理想国家を実現するためには，妻子共有制の導入や，神殿の建築の禁止などの，伝統的なコミュニティの解体が究極的には必要だった。それに対して，クリュシッポスの提案した知者と神々のコミュニティを実現するために，伝統的なコミュニティの解体は必要条件ではない。なぜなら，理想的なコミュニティ，すなわち宇宙は人間社会の諸制度に依存することなく存在しており，また，宇宙という神々のコミュニティへ加入するため

---

34) Schofield（1991）101.

には個人が有徳でありさえすればよいからである。クリュシッポスは，確かに伝統的なコミュニティの解体は人間の幸福にとって望ましいと考えていたようである。というのも，彼は『国家について』という著作において，ゼノンと同様に妻子共有制度の導入を主張したと言われているからである[35]。しかしながら，知者と神々のあいだにコミュニティが成立する根拠として，法，すなわち正しいロゴスに従っていることだけが挙げられており，また，知者どうしの関係は物理的な距離に制限されないと考えられている以上，妻子共有制度の導入に代表される伝統的なコミュニティの解体は，クリュシッポスの提唱した理想的なコミュニティに加入するための必要条件ではないと考えるべきである。このことの裏づけとして，クリュシッポスが，徳に適った政治を実践できない場合には政治にたずさわらなくてもよいと主張したことが挙げられるだろう[36]。つまり理想的なコミュニティを実現するためには，社会制度の過激な変革は必ずしも必要でないのである。

このように，クリュシッポスの理論によって，伝統的なコミュニティの存続を否定することなしに，宇宙という，理想的かつ全人類を包含しうるコミュニティに個人が本来的に帰属すると認めることが可能になった。伝統的なコミュニティに対して個人はどのような関係を持つべきなのか——個人の幸福にとって本当の意味で重要なのは知者（神々）との関係性であり，伝統的なコミュニティは徳の実践のための材料として重要であるに過ぎないのか，それとも，伝統的なコミュニティとの関係性が何かより積極的な仕方で知者（神々）との関係性に関連するのか——という問題についてのクリュシッポスの考えは明らかでない。むしろ歴史的な観点から言えるのは，クリュシッポスの考えは，伝統的なコミュニティについての考察をストア派の倫理学における正当な主題とすることに貢献した，ということである。第5章において見るように，クリュシッポス以降のストア派において，各人が天上の国家と地上の国家の二つに帰属しているという考えが発展したこと，また，結婚や家族などの伝統的なコミュニティが倫理学の詳しい考察の対象にされるよ

---

35) ディオゲネス・ラエルティオス『哲学者列伝』7. 131（＝SVF 1. 269）. 引用文は第1章3節2項を参照.
36) e. g. ディオゲネス・ラエルティオス『哲学者列伝』7. 121（＝SVF 3. 697）.

第3章　クリュシッポス——宇宙に拡がる互恵関係

うになったことは,クリュシッポスの理論の延長線上にあると言えるだろう。

まとめ——コスモポリタニズムの変身

　本章において見たように,宇宙が一つのポリスであるというクリュシッポスの考えは,ゼノンの『国家』において描写された知者の共同生活と大きく異なっている。クリュシッポスは,確かに法を徳として再定義することをゼノンから受け継いでいるが,複数の新しい主張を導入した。本章の考察を要約すると,まず,宇宙は,比喩的な意味ではなく,実際に知者を市民とするコミュニティであり,クリュシッポスの提示した知者のコミュニティは,自然学によって補強されることが可能であるとともに,物理的なリアリティと視聴覚情報を持っている。また,知者どうしの関係が物理的な距離に妨げられないグローバルな恩恵のネットワークとされたことで,全人類が物理的な距離に関係なく単一のコミュニティに帰属しており,相互的に利益を与えるという意味での正義を全人類に適用するべきであるという,コスモポリタニズムの発展にとって重要な主張が生まれた。

　このように,クリュシッポスはコスモポリタニズムの歴史的発展という観点から重要な理論を発展させた。本章では詳しく述べることができなかったが,クリュシッポスがコスモポリタニズムと神を明確に結びつけたということは,単にストア派のコスモポリタニズムを強化するだけでなく,ストア派以降のコスモポリタニズムにも決定的な影響を与えた。最後にこの点について簡単に触れておきたい。
　神々と知者の住居としての国家のイメージは,人間によって支配される地上の国家に対比される,天上の国家という考えとして,キリスト教父たちに引き継がれた[37]。そして,キリスト教父たちは,ストア派による天上の国家についての哲学的な主張を,キリスト教的な文脈の中で再利用している。たとえば,アレクサンドリアのクレメンスは,上で引用した箇所[38]において,ストア派のポリスの定義を用いながら,エルサレムを天上の国家として論じ

101

ている。

　したがって，哲学的な主張を神話や詩によって補強するという，クリュシッポスの戦略はある意味で正しかったと言えるだろう。つまり，あらゆる人間が参加することのできる理想的なコミュニティという考えがストア派の衰退以降も大きな影響力を持ちえた理由の一つは，それがクリュシッポスによって神々と結びつけられたために，キリスト教の物語や表象と結びつけられて語られることが可能になったということにある。思想の複雑な影響関係に立ち入らずに単純化すれば，星々や元素としての神々と人間の知者たちの互恵ネットワークが，地上における普遍の教会，および諸聖人の住まう天の国へと姿を変え，それがさらに，現代のコスモポリタニズムにおいて提示される抽象的な人類の連帯へと受け継がれたという，興味深い変身譚があらわれる。

37）　ストア派の初期キリスト教への影響については不明な点も多いが，一般的にこのように考えられている。たとえば，Heater (1998), Kleingeld and Brown (2014) を参照。ストア派の初期キリスト教への全般的な影響について詳しく論じた資料としては，Rasimus et al. (2010) などがある。ラテン教父たちへのストア派の影響は，Colish (1990) で論じられている。

38）　アレクサンドリアのクレメンス『ストロマテイス（雑録集）』4. 26. 172 (= SVF 3. 327). 引用文は本章 p.89，注 10 を参照。

第4章
ストア派の法
——直観と規則のあいだ

　第2章および第3章で，ゼノンとクリュシッポスによる知者（と神々）のコミュニティの理論を考察した。その際，ゼノンとクリュシッポスの理論において，「法」という概念の「徳」としての再定義が，真のコミュニティとは知者のコミュニティであるという主張の前提となっているということを指摘したが，徳としての法とは何であるかということについては，詳しく論じなかった。

　そこで，本章において「徳」としての法，すなわち普遍的な規範の構造と内容について考察したい。そのような考察が必要な理由は以下の通りである。まず，ストア派の主張にある程度実質的な内容を与えるために，この作業は重要である。もし「法は徳である」というストア派の主張について，その法はどのような内容と構造を持つのかということが不明であれば，理想的なコミュニティについてのストア派の主張を何らかの実質的な内容を持つものとして理解することは難しいだろう。さらに，現代のコスモポリタニズムが直面する問題を歴史的な観点から再考するためにも，ストア派の規範理論を詳しく考察する必要がある。序章において言及したように，現代のコスモポリタニズムにおいて，正義の問題，すなわち普遍的な規範と特定のコミュニティに適用される特殊な規範の関係は非常に重要な問題である。第1章で見たように，ストア派において徳，すなわち知とは，個人の魂において定着している物理的世界，価値および論理についての真である信念の整合的な体系である（本書31頁）。したがって，ストア派は，「法」をこのような信念の体系として再定義したということになる。このように，法を個人の魂において定着

している信念の体系として再定義した場合，普遍的な規範と特定のコミュニティに適用される規範の関係はどうなるのだろうか？

　結論から言えば，ストア派の知者は，「これこれの状況にある夫はこれこれの状況にある妻とどう生きるべきか」というような，特定のコミュニティにおいて特定の状況に適用される規範と，「徳だけが善である」「他者に危害を加えるような仕方で優先されるもの[1]（財産，健康，名声，親，子どもなど）を手に入れてはならない」というような，普遍的に真である命題の両方を参照し，それらと整合する仕方で適切な行為を決定するというのが，私の解釈である。すなわち，ストア派において，「法」とは個別的な規範および普遍的な命題と整合しながら個々の行為をそのつど決定する知者の動的な推論であり（すなわち静的な諸命題ではない），したがって，ストア派にとって現代のコスモポリタニズムが直面する普遍的な規範（グローバル・ルール）と特殊な規範（ローカル・ルール）の対立という問題は，実際的にはともかく，理論の上では存在し得ないということになる。

　ストア派における行為の規範について，大きく分けて二つの解釈があり，いま述べた私の解釈は従来の解釈のちょうど中間に位置する。一方では，より一般主義的な立場がある。すなわち，ストア派において，状況を参照しないで行為を命じる規則（たとえば「自分の身体を配慮するべきである」）の位階的な体系が存在し，知者が一般的な規則に従わない場合（たとえば，自分の命を危険にさらすことを選択する場合）に知者はより高次の規則（たとえば「自分の命よりも祖国の安全が優先されるべきである」）に従っていると考える立場（ミトシス[2]，シュトライカー[3]とアナス[4]）である。この立場によれば，知者は，この位階的な規則の体系から演繹的な仕方で行為を導いているということになる。

　他方では，より個別主義的な立場が存在する。すなわち，知者は演繹的な推論をしているのではなく，個別的な状況に応じた，直観的で柔軟な推論に

---

1) 「優先されるもの（προηγμένον）」というストア派の用語については本章1節を参照。
2) Mitsis (1986); Mitsis (1994).
3) Striker (1986).
4) Annas (1993).

第 4 章　ストア派の法——直観と規則のあいだ

従っていると考える立場（インウッド[5]）である。この立場によれば、ストア派は、状況を参照しないで行為を命じる規則（たとえば「自分の身体を配慮するべきである」）が存在すると主張した上で、知者以外の人間は、個別的な状況にかかわらず（たとえその規則をその状況において守ることが最善の結果をもたらさない場合でも）、そのような規則を遵守するべきであるが、知者は、個別的な状況に応じて規則を破棄してもよい、と主張したということになる[6]。また、この解釈によれば、ストア派の倫理学の理論（たとえば「徳だけが善である」）が直観的な推論の基本的な枠組みとして与えられており、直観的な推論は、その理論によって、演繹的な仕方ではなく裁判的な仕方で（つまり、究極的な仕方で正しいと認められるのではなく、その他の対立する推論よりも説得的であるということによって認められるような仕方で）正当化されるということになる[7]。

単純化すれば、行為の正しさについて、前者は位階的な規則の体系を根拠とする立場であり、後者は行為者の直観的な推論を根拠とする（ただし、破棄されてもよい規則がガイドラインとして存在し、また倫理学の理論が推論の基本的な枠組みとして存在すると認める）立場である。

これらの解釈と私の解釈は以下の点で異なっている。第一に、いま挙げた両方の解釈には共通の前提、すなわち、状況を参照しないで行為を命じる規則が存在するとストア派が主張したという前提があるが、実際にはそのような規則をストア派は主張していないと私は論じたい。第二に、私の解釈によれば、ストア派は位階的な規則の体系から演繹的に行為を導出するようにと提案したのではなく、また、破棄されてもよい一般的な規則をガイドラインとしながら直観的な判断をするようにと提案したのでもなく、むしろ、普遍的な理論と、状況を参照する規則の両方に整合するような仕方で、個々の行為を判断するように主張したということになる。

この解釈を私は以下のような方法で論証したい。まず、ストア派による価値（1）と行為（2）の分類を確認した上で、従来の解釈に共通の前提、すな

---

[5] Inwood (1986a); Inwood (1986b); Inwood (1999).
[6] Inwood (1999) 109.
[7] Idem 125.

わち，ストア派が状況を参照しない規則の存在を主張したということを反駁する。また，「適切な行為」[8]は，タイプとしての状況を参照する規則と，普遍的な理論（人間の自然本性や摂理についての命題など）の両方に整合しているということを主張する（3）。つぎに，「忠告（praecepta）」についてのストア派の理論はどのように再構築されるのかという問題を考察する。この再構築を通じて，ストア派の規則の内容，および，規則と理論の関係を，より具体的な仕方で明らかにする（4）。以上のように，ストア派における「徳」としての法の内容と構造を明らかにした上で，さらに，普遍的な規範と特殊な規範の関係という問題について，ストア派の理論が持つ意義を考察したい（5）。

　なお，「忠告」について考察する必要があるのは以下のような理由による。ストア派の哲学において，「忠告」とは，未だ知者ではない人間に与えられる，適切な行為を示す言葉のことであり，たとえば，「友人とはこう，同胞市民とはこう，同盟者とはこう付き合いなさい」[9]というような形式を取る。また，忠告は「原理（decreta）」から由来すると言われている[10]。そのため，ストア派の忠告の理論は，適切な行為について書かれた彼らの著作がほとんど全て失われているという事情もあって，ストア派の規則の理論を知るための貴重な手がかりとなっている。上述のように，ストア派の規則についての解釈には一般主義的な立場と個別主義的な立場があり，それぞれの陣営の論者は忠告についても対応する解釈を取っている。すなわち，一般主義的な立場によって，忠告と原理の関係は位階的な規則の体系として解釈され，他方，個別主義的な立場によって，忠告は知者ではない人間に与えられるガイドラインとして，また，原理は推論の枠組みを設定する抽象的な命題として解釈されている。そこで，もし私のようにストア派が状況を参照しない規則を主張しなかったと解釈する場合，ストア派の忠告の理論をどのように再構築するのかということが問題になるだろう。また，忠告は適切な行為を導くためにどのような役割を持つのか，そして忠告と原理の関係はどのようなものであるのかという，これまで解釈者たちが取り組んできた問題を改めて考察す

---

8)　「適切な行為（καθῆκον/officium）」というストア派の用語については本章2節を参照。
9)　セネカ『倫理書簡』94. 11.
10)　Idem 94. 4.

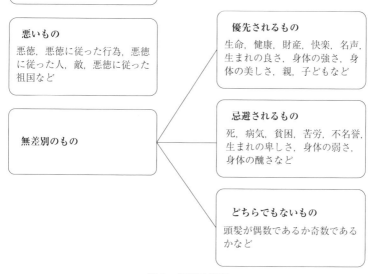

図2：価値の分類

ることは、ストア派における行為の規則の理論を考察するために必要だろう。

以上のような手順に従って、ストア派の規範理論を再構築し、その意義を考察したい。

1　価値の分類

ストア派は価値を独特な仕方で分類した。人間の行為に関わるさまざまなものは、「善いもの (ἀγαθόν)」、「悪いもの (κακόν)」、「無差別のもの (ἀδιάφορον)」に分類され、「無差別のもの」は、さらに「優先されるもの (προηγμένον)」「忌避されるもの (ἀποπροηγμένον)」と、優先も忌避もされないものに分類される。それぞれの項目について具体例を挙げながら整理すると、上図のようにな

る[11]）（図 2）。

　簡単に説明すると，「善いもの」とは徳そのものか徳を分有するもの（行為，事物，人）であり，「悪いもの」とは悪徳そのものか悪徳を分有するものである。「無差別のもの」は，それ自体としては，徳も悪徳も分有していない。「無差別のもの」のうち，人間の自然本性に適合し，人間においてそれを手に入れようとする自然本性的な衝動があるものが「優先されるもの」であり，反対に，それを避けようとする自然本性的な反衝動があるものが「忌避されるもの」である[12]。自然本性的な衝動も反衝動も引き起こさないものは「どちらでもないもの」である。

　なお，「善」と「優先されるもの」の違いについては，「優先されるもの」は自然本性に適った生には貢献するが，幸福な生，あるいは調和した生には貢献しないと説明される。すなわち，幸福な生に貢献できるのは，ただ「善いもの」だけであると言われる[13]。

　ストア派はこのような価値の分類に基づき，幸福を実現するためには徳だけで十分であると主張する一方で，具体的な行為の指針として優先されるものと忌避されるものの区別を重視した。そのため，後で詳しく見るように，ストア派の価値についての主張は，徳だけを行為の基準として認めるという，より厳格な主張をしたアリストンから厳しく批判され，クリュシッポスはその種の批判に対処しなければならなかった。

2　行為の分類

　複数のテクスト[14]にもとづくと，ストア派の倫理学における行為は，つぎ

---

11)　具体例は，SVF 3. 95-146 から収集した。ただし，この表はすべての具体例を収録しているわけではない。
12)　プルタルコス『共通観念について』1060B-D（＝SVF 3. 146）；エピクテトス『語録』2. 6. 9（＝SVF 3. 191）.
13)　ディオゲネス・ラエルティオス『哲学者列伝』7. 105（＝SVF 3. 126）；アプロディシアスのアレクサンドロス『魂について』167（＝SVF 3. 145）；ストバイオス『精華集』2. 7. 7a.

の三つに区分される。

　　正当な行為（κατόρθωμα/recte factum）
　　適切な行為（καθῆκον/officium）
　　誤り（ἁμάρτημα/peccatum）

　適切な行為は「生において整合していることで，それが行われたときに合理的な説明を持つこと」[15]として定義される。より詳しく説明すると，人間以外の動物も含めて，「自身の自然に整合した形で」行われる活動全般のことを意味すると言われる。したがって，人間にとって適切な行為とは，その行為が人間の自然本性に整合しているということを合理的に説明することができるような行為である。（なお，行為者が人間以外の動物の場合，たとえば牛が草を食むという行為についてならば，草を食むという行為は牛の自然本性に整合しているということを人間が合理的に説明することができる場合に，その行為は適切であると認められることになるだろう。）適切な行為の例としては「預かったものを返すこと」のような，一般的に私たちが倫理的であると考える行為の他に，「散歩すること」「問うこと」などの，一般的に倫理的な行為として考えられない行為も挙げられている。
　適切な行為が完成されるとき，すなわち偶然や悪徳に従ってではなく行為者の堅固で整合的な信念の体系に従って行われるとき，正当な行為と呼ばれる[16]。正当な行為の例としては，「思慮あること（φρονεῖν）」のような，徳に

14）　ストバイオス『精華集』2. 7. 8a（＝SVF 3. 499）；キケロ『善と悪の究極について』3. 58（＝SVF 3. 498/LS 59F）.
15）　ストバイオス『精華集』2. 7. 8（＝SVF 3. 494/LS 59B）：「適切な行為はつぎのように定義される。適切な行為とは，「生において整合していることで，それが行われたときに合理的な説明を持つものである」。その反対の仕方でなされる行為は，適切な行為に反している。適切な行為は，動物のうちの理性を持たないものたちにまでも拡張される。なぜなら，理性を持たない動物たちもまた，彼ら自身の自然に整合した仕方で何らかの活動をしているからである。理性的な動物の場合は，適切な行為はつぎのように説明される。「適切な行為とは，生活において整合していることである。」」ほぼ同じ定義がディオゲネス・ラエルティオス『哲学者列伝』7. 107-108（＝SVF 3. 493/LS 59C）において見られる。
16）　ストバイオス『精華集』2. 7. 8（＝SVF 3. 494），2. 7. 8a（＝SVF 3. 499），2. 7. 11a（＝SVF 3. 500）.

即して実行されることを含意する行為か，あるいは，「思慮に適って (φρονίμως) 散歩すること」のように，徳に従っていることを示す表現を付け加えた行為[17]が挙げられている。

誤りは，正しいロゴスに反して行為されることとして定義される[18]。誤りの例としては，「不正を行うこと (ἀδικεῖν)」のような悪徳に従って実行されることを含意する行為が挙げられている[19]。

3　行為の規則[20]

ストア派の価値と行為の分類は以上の通りである。それでは法，すなわち正当な行為を導く信念の体系は，どのような構造を持ち，また，どのような内容の信念をその部分として含むのだろうか？

上述のように，ストア派の行為の規則について二つの対立する立場があり，それらは，ストア派が状況を参照しない一般的な規則を認めたという前提を共有している。この前提は，ホワイト[21]によって提案された，以下のような解釈に基づいているようである。ときには自分の健康を犠牲にすることが賢明な場合もあるとして，「優先されるもの」と「忌避されるもの」の区別の重要性を否定した，キオスのアリストン[22]を反駁するために，ゼノンやクリュシッポスはつぎのような主張をした。自然はわれわれに<u>一般的な事物のタイプ</u> (general type of things) としての優先されるものに対して<u>一般的な衝動</u>を植え付けている。したがって，優先されるものを選択することが<u>一般的な行為のタイプ</u> (general type of actions) として適切であるとする「一般的な規則

---

17)　キケロ『善と悪の究極について』3. 58 (=SVF 3. 498); ストバイオス『精華集』2. 7. 11e (=SVF 3. 501/LS 59M); セクストス・エンペイリコス『学者たちへの論駁』11. 207 (=SVF 3. 516b).
18)　ストバイオス『精華集』2. 7. 8a (=SVF 3. 499), 2. 7. 11a (=SVF 3. 500), 2. 7. 11e (=SVF 3. 501).
19)　ストバイオス『精華集』2. 7. 11e (=SVF 3. 501/LS 59M).
20)　本節は，川本 (2015) を加筆，修正したものである。
21)　White (1978).
22)　ゼノンの弟子であったが，師と多くの点で異なる主張を述べた (前260年頃盛年)。

第 4 章　ストア派の法——直観と規則のあいだ

(general rule)」が存在する。ただし，優先されるものを選択することが適切でないような「特別な状況（special circumstance）」は存在する[23]。つまり，自分の健康を犠牲にすることが正しいような状況も確かに存在するが，そのような特別な状況にないかぎり，私たちの行為の正しさは「病気を避け健康を選択するべきである」というような，いかなる状況にも参照しない，一般的な規則に従っているか否かによって判定されるのである[24]。

　以上のような，状況を参照することなく優先されるものの選択を命じる一般的な規則が存在するという解釈（以下，「状況非参照規則解釈」と呼ぶ）に，私は賛成しない。その代わりに，状況を，固有の時と場所において生起するトークンとしての状況と，トークンとしての状況をその事例とするタイプとしての状況[25]に区分した上で，次のような解釈を提案したい。すなわち，ゼノンやクリュシッポスは適切な行為が状況を参照する規則——ただし，トークンとしての状況ではなく，タイプとしての状況を参照する規則——によって導かれると主張したという解釈である。本節を通じて，この解釈を論証したい。本節の考察は以下の手順で行われる。

　まず，状況非参照規則解釈の問題点を，ブレナンの指摘を紹介しながら述べる（3-1）。つぎに，この解釈の根拠として用いられているテクストの再検討を行う（3-2）。まず，ディオゲネス・ラエルティオス（『哲学者列伝』7. 109）における適切な行為の区分を見直す。さらに，クリュシッポスに代表される

---

[23]　White（1978）114.
[24]　White（1978）の議論において「一般的なタイプ」という語は厳密に規定されておらず，それはいかなる状況への言及も含まない事物や行為（たとえば，「預かったものを返すこと」）を意味するのか，それともトークンとしての状況へは言及しないがタイプとしての状況へは言及する事物や行為（たとえば，「相手が狂人ではないような状況（タイプ）に預かったものを返すこと」）を意味するのか，ということは明確でない。しかしながら，White（1978）および従来の解釈に従う論者たちにおいて適切な行為がいかなる状況への言及も含まない仕方で記述されていることを考慮すると，彼らは「一般的な規則」が命じるのはタイプとしての状況も含めいかなる状況をも参照しない行為であると考えているようである。
[25]　あるものの，固有な空間的・時間的な位置を持つ個々の事例（instance）をトークンと呼び，トークンがそれの事例であるところのものをタイプと呼ぶ。たとえば，「交響曲」にタイプとトークンの区別を適用すると，ベートーヴェンは 9 つの交響曲を作曲したと語るときにわれわれは交響曲をタイプとして考えており，トークンとしての交響曲，つまり個々の演奏を，われわれは楽しんでいると言うことができる。

正統ストア派[26]とキオスのアリストンの間に生じた，無差別なものについての論争を考察する。

3-1 個別的な状況において複数の「適切な行為」は存在しうるのか？

状況非参照規則解釈によれば，「預かったものを返すこと」をストア派が適切な行為の例として挙げているとき，ストア派は，この行為はいかなる状況へも参照しない行為として適切であるのであって，ある特別な状況，たとえば私に武器を預けた人間がひどく興奮していて私に危害を加える恐れがあるといった状況においては，この行為は適切ではないと主張している，ということになる[27]。つまり，ストア派は，言わば「適切な行為」のリスト——そのリストには「預かったものを返すこと」「両親を敬うこと」「自分の感覚器官に配慮すること」などに加えて「自分の体を切除すること」などの「困難な状況に即した適切な行為」と呼ばれる行為も含まれる——[28]を用意しており，これらは状況を参照しない形式で規定されていて，これらの複数の適切な行為の中の一つを状況に応じて選ぶよう私たちに命じている，ということになる。

しかしながら，ブレナン[29]が指摘しているように，適切な行為についてクリュシッポスが述べていることによって，状況非参照規則解釈は斥けられる。すなわち，クリュシッポスは，未だ徳を備えていないが「極みまで向上を遂げた人は，あらゆる (ἅπαντα) 適切な行為を完全に果たし，何も取り残していない (οὐδὲν παραλείπει)」と述べたと言われている[30]。もし「預かったものを返すこと」「両親を敬うこと」「自分の感覚器官に配慮すること」「自分の体を切除すること」などの，ストア派が適切な行為の例として挙げる行為が，いかなる状況への言及も含まない行為として考えられているならば，ある状況において，リスト上にある複数の適切な行為が対立してしまうだろう。た

---

26) アリストンの異端的なストア派の立場に対して区別するため，クリュシッポスに代表される立場を以下で「正統ストア派」と呼ぶ。
27) e. g. White (1978) 114–115; Inwood (1999) 102–103; 廣川 (2010) 206.
28) ディオゲネス・ラエルティオス『哲学者列伝』7. 109.
29) Brennan (1996) 318–334, 330.
30) ストバイオス『精華集』4. 103. 22 (= SVF 3. 510/LS 59I).

とえば,私に武器を預けた人間がひどく興奮していて私に危害を加える恐れがあるといった状況において,「預かったものを返すこと」「自分の感覚器官に配慮すること」の両方が適切な行為であり,一方を選択すれば他方を取り残すということになってしまう。クリュシッポスのここでの主張が具体的に何を意味しているのか,必ずしも明らかでないが[31],少なくとも,彼の用いている表現——「あらゆる適切な行為」を「何一つとして取り残さない」——は,状況非参照解釈と整合しないだろう。したがって,ストア派において,適切な行為はいかなる状況への言及も含まない行為としては考えられておらず,むしろ,状況への言及を含むものとして考えられていると解釈するべきである。

ただし,ブレナン[32]のように,適切な行為を,トークンとしての状況を参照する,トークンとしての行為(固有の時と場所において行われる行為)に限定する必要はない。なぜなら,適切な行為の間の対立を避けるためには,たとえば,「自分の体を切除しなければ生命が失われる状況において,自分の体を切除すること」のように,適切な行為をタイプとしての状況を参照する形式で規定すればよいからである。そのような形式で適切な行為を規定すれば,ある状況において行為者が一つの適切な行為を選択したがために他の適切な行為を取り残すという事態を,避けることができるだろう。

したがって,可能な解釈は,ストア派の知者が健康や財産などの「優先されるもの」の選択に直面するとき,彼はトークンとしての状況を参照するトークンとしての行為を行っているとするか,あるいは,「自分の体を切除しなければ生命が失われる状況においては自分の体を切除すべきである」というような,タイプとしての状況を参照する規則に従っているとするかである。上述のように,私の解釈は後者である。以下でなぜそう解釈すべきなのかを

---

31) なお,クリュシッポスのこの言葉が,リストアップされた適切な行為を一生のうちにすべて行うということを意味しているという解釈は否定される。なぜなら,第一に,そのような主張は馬鹿げているからであり(手足を切断し,財産を投げ捨てなければ知者になれないという帰結になってしまう),第二に,セネカ(『倫理書簡』77. 19-20)は「義務(officium)」をし残すことを理由に死を拒む人へ,果たさなければならない義務の数は決まっていないと述べているからである。
32) Brennan(1996)330.

論じる。

3-2 状況非参照規則解釈のテクスト上の根拠

私の解釈を論証するため,まず,状況非参照規則解釈のテクスト上の根拠を検討したい。状況非参照規則解釈の主な根拠として用いられているのは,ディオゲネス・ラエルティオスによる,ストア派[33]の適切な行為の区分についての報告と,エピクテトスの『語録』において伝えられている,クリュシッポスの優先されるものの選択についての主張である。これらのテクストを,以下で順番に取り上げたい。

(1) 適切な行為の区分と「困難な状況」
最初にディオゲネス・ラエルティオスのテクストから見てみよう。

ディオゲネス・ラエルティオス『哲学者列伝』7. 109-110(=SVF 3. 496/LS 59E).

> また,適切な行為のうち,一方では困難な状況を伴わない〈ἄνευ περιστάσεως〉ものがあり,他方では困難な状況における〈περιστατικά〉ものがある。困難な状況を伴わない適切な行為とは,たとえば,健康や感覚器官を気遣うことなどである。困難な状況に即した〈κατὰ περίστασιν〉適切な行為とは,自分の体を切除すること,財産を投げ捨てることなどである。適切な行為に反することについてもこれと同様である。さらにまた,適切な行為のうち,一方ではつねに適切であるものがあり,他方ではつねに適切なのではないものがある。すなわち,徳に従って生きることはつねに適切であるが,問うこと,答えること,散歩することなどはつねに適切なのではない。同じ説明が,適切な行為に反するものにも当てはまる。

適切な行為について考えるとき,まず問題となるのは,ここでの,「困難

---

33) ここで言われている「困難な状況に即した適切な行為(τὸ κατὰ περίστασιν καθῆκον)」という用語は,キケロ『アッティクス宛書簡』16. 11 から,ポセイドニオスに明確に帰すことができる。また,クリュシッポスも適切な行為についてのこのような区分を主張したということは,エピクテトス『語録』2. 6. 9 から推測される。

第4章　ストア派の法——直観と規則のあいだ

な状況を伴わない (ἄνευ περιστάσεως)」と「困難な状況に即した (κατὰ περίστασιν)」という表現である。なぜなら，もし私が「困難な状況」とここで訳した原文の "περίστασις (「状況」あるいは「困難な状況」を意味する)" を，単に「状況」を意味すると解釈すると，原文の "ἄνευ περιστάσεως" は「状況に依存しない」，"κατὰ περίστασιν" は「状況に依存する」という意味になるが，そうだとすると「状況に依存しない適切な行為」は直後に言及される「つねに適切である適切な行為 (τὰ μὲν ἀεὶ καθήκει)」と同一であることになってしまうからである。

　この問題の解決のため，ホワイトはつぎのように論じる。この文脈で原文の "περίστασις" は単なる状況ではなく困難な状況を意味し，困難な状況とは，優先されるものの選択を状況への言及を含まずに命じる一般的な規則が適用されない「特別な状況」である。したがって，ホワイトによれば，「特別な状況を伴わない (ἄνευ περιστάσεως) 適切な行為」は，一般的な規則に従って適切であるような行為であり，また「特別な状況に即した (κατὰ περίστασιν) 適切な行為」は，特別な状況において実行されたときに適切であるような行為である。ホワイトによるこの解釈は上述のように広く支持されている[34]。

　しかしながら，上で考察したように，適切な行為をいかなる状況をも参照しない形式で規定される行為として考えることは不可能である。したがって，優先されるものの選択をいかなる状況をも参照しない行為として適切であるとする「一般的な規則」と，その規則からの逸脱が正当化される状況である「特別な状況」がこのテクストにおいて想定されていると解釈することは難しい。

---

34)　White (1978) に代表される伝統的な解釈に反対して比較的最近になされた主張として，Brennan (1996) 331-332 と Vogt (2008) 209-213 が挙げられる。これらの解釈についてここで詳しく論じることはできないが，以下の理由で私はこれらに賛成しない。Brennan による ἄνευ περιστάσεως と κατὰ περίστασιν という区別は適切な行為は何であるかということの例証の仕方に関わるという解釈は，テクストにおいてこの議論が例証の仕方に関するということが示唆されていないのであまり説得力がない。Vogt は「適切な行為」という概念が二通りの意味 (つまり，特定の行為と価値判断) で用いられていると考えることによって ἄνευ περιστάσεως を「状況から独立して」と解釈するが (たとえば，健康に価値があると判断することはいつでも適切である)，そのように解釈すると White が指摘した問題を解決できなくなってしまうだろう。

それでは,「困難な状況を伴わない (ἄνευ περιστάσεως)」と「困難な状況に即した (κατὰ περίστασιν)」という表現をどのように解釈すればよいだろうか？私は次のように理解することを提案する。「困難な状況 (περίστασις)」は,その状況において優先されるものの選択が適切ではないような,タイプとしての状況を意味する。また「困難な状況に即した (κατὰ περίστασιν)」とは困難な状況に適合しているということを意味し,「困難な状況を伴わない (ἄνευ περιστάσεως)」とは困難な状況に適合していないが,ただし,別のタイプの状況に適合しているということを意味する。

　私の解釈の根拠として,適切な行為は状況への言及を含まなければならないという先に述べられたことに加えて,セネカの正当な行為 (すなわち完成された適切な行為) の種類についての説明を挙げることができるだろう。

　セネカの『倫理書簡』において善いものは次のように区分されている。第一の種類の善いものは,優先されるものを徳に適って選択することである。それに対して,第二の種類の善いものは,優先されるものを徳に適って選択しないことであり,このことは「逆境においてのみ (non 〈…〉 nisi in rebus adversis)」実行される[35]。したがって,セネカの区分は,ディオゲネス・ラエルティウスの区分と一致する。

　ここで重要なのは,これらの二種類の善いものは,「二つの徳のそれぞれがそこにおいて示されるもの (illa in quibus virtus utraque ostenditur)」あるいは「素材 (materia)」の違いによって区別される,とセネカが述べていることである[36]。ここで素材と言われているものは状況一般のことであると私は解釈する。というのも,二種類の善いものが同等であるという主張において,正当な行為を行う人が「その喜びのうちにあるときも」「その責め苦のうちにあるときも」よりよくふるまうことはできないと言われ[37],また,この「素材」という言葉は「徳の外側にあるもの (quae extra virtutem posita sunt)」という表現で言い換えられており[38],したがって,この文脈において「素材」

---

35)　セネカ『倫理書簡』66. 36-39.
36)　Idem 66. 14.
37)　Idem 66. 15.
38)　Idem 66. 16.

とは，徳それ自体と対比される外的な条件一般を指すと考えられるからである。

したがって，ディオゲネス・ラエルティオスの報告を根拠として，ストア派の知者は状況を参照しない規則（たとえば「健康に気遣うべきである」）に従って健康に気遣い，特別な状況（たとえば家族や友人の危機）においてその規則を破棄してより高次の規則あるいは直観に従うというように解釈するべきではない。そうではなくて，二種類の状況，すなわち優先されるものを選択することのできる順境と，優先されるものを選択することが許されない逆境という，二種類の状況へと分類されるさまざまな状況（たとえば，「自分の体を切除しなければ生命が失われる状況」は逆境へ分類される）を参照する規則に従って，ストア派の知者は行為すると解釈するべきである。

(2) 正統ストア派とアリストンの論争

つぎに，状況非参照規則解釈のもう一つの根拠である，正統ストア派とアリストンの論争を見てみよう。従来，この論争は，正統ストア派が個別主義者のアリストンに対して一般的な規則の存在を主張していることを示していると解釈されてきた[39]。まず，クリュシッポスによるアリストンへの反論であると考えられる主張を，エピクテトスから引用しよう。

エピクテトス『語録』2. 6. 9（＝SVF 3. 191/LS 58J）.

> それゆえ，クリュシッポスが正しくもつぎのように言っている。「それに続く事柄が不明である間は，自然に従ったものを獲得することに関してより適しているものを私はつねに追い求める。なぜなら，神ご自身が，それらのものを選択する者として私をお造りになったのだから。だが，もし私が病気になることが運命付けられていると私がいま知っていたならば，そのことへと衝動を持ちさえしたことだろう。脚でさえ，もしそれが心を持っていたならば，泥まみれになることへと衝動を向けたことだろう」。

---

[39] たとえば，Inwood and Donini（1999）693-697；Inwood（1999）109；Mitsis（1994）など。

クリュシッポスがこのように論じたとき，おそらく念頭にあったのは，アリストンの以下のような主張である。アリストンは，無差別なものの間に自然による区別（優先されるもの／忌避されるもの／どちらでもないもの）が存在するという正統的な見解に次のように反論した。もし健康な人は僭主に奉仕しなければならず，そのために破滅するに違いないような状況に置かれたならば，知者は健康であることよりもむしろ病気であることを選ぶだろう。したがって，各々の文字の配列が異なる単語を形成するのに即して異なるように，無差別なものの「優先性（πρόκρισις）」は，自然によるのでなく，そのつどの状況によるものでしかない[40]。以上がアリストンの主張である。

正統ストア派とアリストンの論争は，状況非参照規則解釈によると，つぎのことを示している[41]。アリストンは，トークンとしての事物の間に必然的な優先性が観察されないことを根拠にして，一般的な規則の存在を否定している。他方，クリュシッポスに代表される正統ストア派は，自然がいかなる状況への言及も含まないタイプとしての事物に対する衝動を人間に与えているということを根拠にして，状況を参照しない規則が自然によって存在することを主張している。

この解釈には二つの問題がある。第一に，イオポロ[42]が指摘しているように，このように解釈した場合，正統ストア派のアリストンへの回答は的外れである。「確かに，アリストンが言うように，トークンとしての無差別なものの間には優先性が存在しないかもしれない。でも，タイプとしての無差別なものの間には必然的な優先性が存在するのだ」などという答えは，アリストンの提起した問題に対してあまり説得的な答えを与えていないだろう。というのも，アリストンはまさにトークンの次元において無差別なものの間の優先性が行為の基準として機能し得ないということを問題にしているからである。第二に，クリュシッポスがいかなる状況への言及も含まないタイプと

---

40) セクストス・エンペイリコス『学者たちへの論駁』11. 63-67（＝SVF 1. 361/LS 58F).
41) White（1978）114-115；Inwood（1999）109. なお，正統ストア派が優先されるものをタイプとしての事物として主張することによってアリストンを反駁したという解釈は，特に以下の論文において詳しく論じられている。Inwood and Donini（1999）695-697；Barney（2003）303-340, 321.
42) Ioppolo（2012）211, n. 39.

第4章　ストア派の法——直観と規則のあいだ

しての事物への衝動を認めているというこの解釈は，テクスト上の十分な根拠を持たない。というのも，「それに続く事柄が不明である間は」という表現によって与えられている条件は，僭主の例と泥の例が示しているように，「状況を考慮しないならば」ということではなく，「ある優先される事物の選択が誤りになるだろうと分かっていない状況にあるならば」ということである。したがってこの条件づけはむしろタイプとしての状況への言及を条件づけているように読める。

　これらの問題を回避するため，いかなる状況への言及も含まないタイプとしての事物という概念を用いずにクリュシッポスの主張を再構築することを，以下で試みたい。

　上で確認したように，正統ストア派によって，優先されるものは幸福に生きることに対しては価値を持たないが，自然に従った（τὸν κατὰ φύσιν βίον）生活に対しては価値を持つと主張された[43]。この主張は，摂理についてのストア派の主張——宇宙において，病気や怪我などの，人間に固有の自然に反することも生じるが，こうしたことが生じるのは宇宙全体を統治する共通の自然には適っているという主張——を考慮すると[44]，優先されるものは，宇宙全体の摂理に従って有徳に生きるという意味での，幸福な生には貢献しないが，健康な生活のような，人間に固有の自然本性に適って生きることに対して価値を持つ，ということを意味すると考えられる。また，人間に固有の自然本性とは，病気や怪我が固有の自然に反すると言われていること，生物は自分自身の成り立ちを保全するために優先されるものを選択すると主張さ

---

[43]　ディオゲネス・ラエルティオス『哲学者列伝』7. 105（＝SVF 3. 126）；アプロディシアスのアレクサンドロス『魂について』167（＝SVF 3. 145）；ストバイオス『精華集』2. 7. 7a.

[44]　プルタルコス『ストア派の自己矛盾について』1050A（＝SVF 2. 937）：「まず，『自然について』の第1巻において，〈宇宙全体の〉運動が永遠であることを撹拌された飲み物——様々な生成するものを様々な仕方でかき回しかき乱す飲み物——にたとえた後で，〈クリュシッポスは〉次のように述べている。「宇宙全体の統治はそのような仕方で進行しているので，私たちがどのようなあり方をしようと，私たちは宇宙全体の統治に必然的に従っているのである。私たちが，固有の自然に反して病気になろうが，手足を失おうが，あるいはまた，文法家になろうが，音楽家になろうが。」」このような，病気になることや障害を負うことは宇宙全体の統治に従っているという考えは，エピクテトス『語録』2. 10において，人間は宇宙市民であるという考えに関連づけられながら述べられている。

れていることから[45]，種としての人間の成り立ちを意味すると考えられる。

したがって正統ストア派は，種としての人間の成り立ちという，トークンとしての個別的な状況の場合でもつねに同一であるものを，価値の基準としていると解釈できる。この基準を用いながら，アリストンに対して，おそらくクリュシッポスは次のように主張したのだろう。あらゆる個別的な状況において，無差別のものの間には，人間に固有の自然を基準とした優先性が存在する。そして，あらゆる個別的な状況における判断のために，この優先性は基本的な枠組みを形作っている。この基本的な枠組みは次のような推論から成っている。優先されるものを選択することが共通の自然に反するということが行為者にとって明らかでないような状況（タイプ）に帰属する状況（トークン）においては，優先されるものを選択しなければならない。なぜならこの状況（トークン）において確認される優先性は，人間に固有の自然を与えた共通の自然，すなわち宇宙全体を統御するゼウスの意図に，根拠を持つからである。

以上のようにクリュシッポスが論じていると考えれば，クリュシッポスが健康や病気をいかなる状況への言及も含まないタイプとしての事物として考えていたと解釈する必要はない。また，トークンのレベルの状況において必然的な優先性が存在し，その優先性が行為についての判断に寄与しているということを示している点で，このように再構築されたならば，クリュシッポスの主張はアリストンに対する有効な応答になっている。

正統ストア派とアリストンの論争は，したがって，状況非参照規則解釈を支持しない。むしろ，さまざまなタイプとしての状況——ある優先されるものを選択することが共通の自然に反するということが予想されない状況，あるいは予想される状況の二種類へと分類される，さまざまな状況——を参照する規則（たとえば，「病気が治らないと分かっているならば，健康であることを望むべきではない」）が存在するとストア派が考えていたという，私の解釈を支持している。また，この論争の分析を通じて，正統ストア派が宇宙や人間に

---

[45] ディオゲネス・ラエルティオス『哲学者列伝』7. 85. なおここで「親近なもの」と言われているものは優先されるものを意味する。このことはプルタルコス『共通観念について』1060B-D（=SVF 3. 146）で言われている。

ついての理論（「摂理が存在する」「忌避されるものの選択は，人間の固有の自然には反しているが，全体の自然には即している」など）を，適切な行為を導く推論の前提として考えているということが，明らかになった。

状況非参照解釈の根拠についての以上のような考察から，以下のことがわかる。ストア派は，状況を参照しない一般的な規則の存在を主張したのではないということ，また，適切な行為を導く推論は，タイプとしての状況を参照する規則（たとえば「病気が治らないと分かっているならば，健康であることを望むべきではない」）と，人間の自然や摂理などについての理論（たとえば「ゼウスが宇宙全体を統治している」「自分が病気であることは宇宙全体の自然に反していない」）の両方に整合しなければならないと考えたということである。

4　「忠告」

前節において，ストア派において適切な行為とは，状況を参照する規則と，そのような規則の前提となる宇宙や人間についての理論の両方に整合する行為として考えられているということが確認された。次に，ストア派の「忠告」について考えたい。なぜなら，本章の序において述べられたように，ストア派における規則の理論をより具体的な仕方で解釈するためには，ストア派の忠告について論じることが必要だからである。以下で，忠告についての理論はどのように再構築されるのかということを論じたい。取り扱う問題は主に二つである。

第一に，忠告とは何であるのかという問題がある。より具体的には，a. 忠告は規則なのか，b. もし規則であるとすればそれはどのような形式を取る規則であるのか，c. もし規則であるとすれば，それは知者の推論の一部を構成しなければならないのか，それとも状況に応じて破棄されることも可能なガイドラインであるのか，という問題を取り扱う。これらの点について解釈が対立している。a については，忠告を規則とする支配的な解釈に対し，シェーファー[46]が，忠告は規則ではなく，励ましなども含めた教育手段であ

ると主張している。また，bおよびcについては，序において言及されたように，位階的な規則の体系を認める立場からは，忠告は演繹的な推論の一部を構成する規則として考えられているが，直観主義的な立場からは，忠告は状況に応じて破棄されてもよいガイドラインとして考えられている。

第二に，「忠告」と「原理」の関係という問題がある。忠告は原理から由来し，原理によって根拠を与えられるとストア派によって言われている。この点について，上述のように，忠告と原理の関係は，一般主義的な解釈においては規則どうしの位階的・演繹的な関係として捉えられている。これに対して直観主義的な立場においては，忠告と原理は推論のための二種類の参照ツールとして，すなわち前者は破棄されてもよい個別的な規則として，また後者は推論が従うべき枠組みとして考えられている。

これら二つの問題について，適切な行為は状況を参照する規則と普遍的な理論の両方に整合する行為として考えられているという，私の解釈がどのような回答を与えるのかを述べていきたい。

資料としては主にセネカの『倫理書簡』94を用いる。なぜなら，セネカの『倫理書簡』94において忠告についてのストア派とアリストンの論争がかなり詳しく紹介されており，この論争を分析することは初期ストア派における忠告の理論を考察する上で有益だからである。

ただし，セネカの『倫理書簡』94について，シェーファー[47]はこれをストア派の規則の理論の紹介として考えるべきではないと主張しており，この資料の取り扱いには注意が必要である。そこで，まずセネカの『倫理書簡』94を詳しく見た上で (4-1, 4-2)，上述の二つの問題，すなわち1. 忠告とは何であるのか (4-3)，2. 忠告と原理の関係 (4-4) を論じたい。

4-1 『倫理書簡』94 の目的

セネカの『倫理書簡』は，現存するかぎり124篇の書簡からなっている。すべての書簡はセネカからルキリウスという人物に宛てられたもので，ルキリウスからの書簡は含まれていない。実際に発信された書簡なのか書簡形式

---

46) Schafer（2009）.
47) Idem.

の作品なのかは不明だが,仮に実際の書簡だったとしても,その哲学的な内容から,広く閲覧されることを念頭に置かれて書かれたものだと推測される。

この書簡集の全体を通じて,すでに政界から引退したストア派の哲学者であるセネカは,ルキリウスという教養豊かで高い地位にある人物[48]（セネカより数歳年下と考えられている）にも引退して哲学に打ち込むことを勧めている。『倫理書簡』68 以降はルキリウスへの引退の勧告は見られなくなり,その代わりにより専門的な哲学の議論が見られるようになる。また,『倫理書簡』84 の冒頭においてセネカはルキリウスの進歩を認めている。

したがって,『倫理書簡』の全体において描写されているのは,セネカの哲学的教育の内容とその教育によるルキリウスの進歩であると言えるだろう。このような全体の構成を考えると,シェーファーが主張しているように[49],『倫理書簡』はストア派のさまざまな教説を忠実に紹介することを目的としているのではなく,セネカ自身の教育理論について,セネカがルキリウスに与える教育という,書簡の形で示されている具体例を通じて,読者に理解させることを目的としていると考えるべきだろう。

このように,セネカの主要な目的が自分の教育理論の内容を示すことだったとすると,『倫理書簡』94 は,『倫理書簡』95 とともに,この書簡集の中で特別な位置を占めることになる。というのも,これらの書簡の主題はストア派の教育理論であるからである。セネカがここでストア派の教育理論という主題を扱った理由は,その考察を通じて,セネカ自身の教育理論を理論的な仕方で読者に明らかにすることにあったと考えられる。

したがって,『倫理書簡』94 を初期ストア派の教育理論,すなわち「忠告」についての理論を再構築するために利用することには注意が必要である。つまり,セネカはストア派の「忠告」についての理論を忠実に紹介しようとしているのではなく,むしろセネカ自身の教育理論について述べようとしている以上,セネカ独自の見解も多く含まれている可能性が高いと考えるべきだろう。

---

48) ルキリウスについての情報はセネカの『倫理書簡』から断片的に得られるだけであり,詳細は不明。
49) Schafer (2009).

以上のように，セネカが必ずしもストア派の理論の忠実な紹介者ではないということを頭に入れた上で，『倫理書簡』94 の要点を見てみよう。

4-2 『倫理書簡』94 の構成

書簡 94 においてセネカは以下のように議論を進める。まず，忠告と原理についての正統ストア派とアリストンの論争を紹介し，「忠告」は有益であるかという問題を提起する。つぎに，アリストンによる「忠告」が無益であるという主張を紹介し，それに対するセネカの反論を述べる。その後，「忠告」に対する追加の批判を紹介し，それらの批判に対してもセネカは反論する。最後に，堕落した社会において「忠告」がいかに必要かを訴えてセネカは書簡を終える。以下で書簡 94 の議論の要点を述べる。

・導入

ストア派の哲学の一部門に，普遍的な人間にではなくそれぞれの「役 (persona)」に固有の「忠告 (praecepta)」を与える部門がある。すなわち，たとえば夫は妻に対して，父は子どもに対してどうふるまうべきか，などを忠告は説く。ある人々はこの部門を善く生きるために不必要であるとする。アリストンは，哲学の「原理 (decreta)」を学んだ人は，人生全般について学んだのであって，個別のことについて何をなすべきかを自分で知ることができ，したがって忠告は必要ないと主張する。またストア派のクレアンテスは，忠告は有益だが，もしそれらが原理から由来しないならば脆弱であると主張している。

以上のことから，二つの問題が生じる。第一に，忠告は有益であるのか，第二に，忠告だけで人を善くすることはできるのか。

・アリストンによる主張の紹介
  1. 個別の状況において何をなすべきかを教えることは，誤った考えそのものを取り除かないかぎり無益である。(5-9, 17)
  2. 相手がすでに理解していることについては，忠告することは無駄であるし，相手が理解していないことについては，忠告ではなくて論

第4章　ストア派の法――直観と規則のあいだ

　　証を与えるべきである。(10-11)
　3. 人間が誤りを犯すのは誤った考えか，あるいは誤った考えへの傾斜が原因である。これらの両方に対して原理は効果的であるので，忠告は必要ない。(13)
　4. 一人一人に固有の忠告を与えることが必要であれば，忠告は無限になってしまう。(14-16)

・セネカによる反論
　1′. 誤った考えそのものを取り除いても，なすべきことが何であるかを知るためには忠告が必要である。また，忠告は誤った考えを取り除くことにも有用である。(18-20, 23, 31-34, 36)
　2′. すでに理解していることについても，注意を向けさせて記憶を保たなければならない。また，まだ理解していないことについて，証明がなくても忠告者の権威や格言は効果的である。(27-31)
　3′. 誤った考えを忠告だけで正すことはできないが，他の手段と組み合わせれば効果的である。(21)
　4′. 重要な事柄についての忠告は無数にあるのではない。また，異なる場合にもそれらに共通する「一般的な忠告（praecepta genaralia）」を与えることができる。(35)

・アリストンによる追加の二つの主張（5と6）の紹介とセネカによる反駁（5′と6′）
　5. 法律は威嚇を交えた忠告であるが法律はわれわれを善くしない。(37)
　5′. 法律と忠告は異なっている。また，法律も人を善くすることができる。さらに，格言のような忠告は善い模範と同様の効果を持つ。(37-47)
　6. 哲学は知識と魂の状態からなり，忠告はこれらの二つから由来する。徳の完成のためにはこれらの二つだけで十分であるのだから忠告は必要ない。(48)
　6′. まだ徳に到達していない者には忠告が必要である。(49-51)

4-3 忠告とは何であるのか？

 以上がセネカの『倫理書簡』94 の要点である。つぎに，ストア派において「忠告」が何であると考えられていたのかを考察する。

 最初に，忠告は規則であるのか否かという問題を考えたい。『倫理書簡』94 および 95 を読むかぎり，セネカはあらゆる「忠告」を規則として考えているわけではないということが分かる。このことはシェーファーによって指摘されている。シェーファーの挙げている論拠のうち，とくにテクストから直ちに明らかであるものをここで紹介しよう[50]。第一に，セネカが『倫理書簡』94 と 95 で与える忠告の具体例の大半は，何が適切な行為であるかを推論することにほとんど貢献しない。セネカは「汝自身を知れ」などの格言を忠告として挙げている（94. 27-28）。とくに「運は勇敢な者を助ける」（94. 28）という格言は，行為を命じる規則ではないことが明らかであるし，さらに，ストア派の教義と一致するかどうかも疑問である。第二に，セネカは励ましや叱責，賞賛などの，理論によらないさまざまな教育手段を忠告の種類として挙げている（「これら全ては忠告の種類である（omnia ista monitionum genera sunt.）」（94. 38））。これらのことが示唆するのは，セネカは忠告を，知者ではない人間に対する，理論によらない教育手段全般として考えていたということである。

 以上のことから，セネカの『倫理書簡』94, 95 において，忠告が行為の規則として一貫して考えられているという従来の見解は否定されるべきである。セネカは忠告を，むしろ，理論によらないかぎりのあらゆる教育手段として考えているのである。

 しかしながら，セネカが忠告をこのような意味で用いているからといって，ストア派において忠告が規則として考えられていなかったという結論を下すことはできない。以下で，『倫理書簡』94 において言及されるアリストンの議論を分析することによって，私は初期ストア派において忠告は規則として考えられていたということを主張する。さらにこの作業を通じて，忠告はどのような形式を取る規則であるのかという問題も明らかにする。

---

50) Schafer (2009).

先回りして言うと，初期ストア派の教説を批判するアリストンの議論において忠告は一貫した意味を持って用いられており，したがって，初期ストア派は忠告をアリストンが説明するような意味で用いていたと考えられる。
　アリストンの議論において用いられている忠告の具体例は以下の通りである。

> 「妻とどう生きるべきか，息子とどう生きるべきか」（94. 3）
> 「こう歩け，こう食べよ。これが男に，これが女に，これが夫に，これが独身者にふさわしいふるまいである」（94. 8—9）
> 「友人とはこう，同胞市民とはこう，同盟者とはこう付き合いなさい」（94. 11）

　また，身体の病気を悪徳に例えている文脈において，比喩的な意味での忠告が以下のようなものとして与えられる。

> 「こう歩いて，そこへ手を差し出せ」（94. 5）
> 「どう話すべきか，どう歩くべきか，公共の場ではどう，私的な場ではどうふるまうべきか」（94. 17）

　以上の具体例を見るかぎり，アリストンは忠告をかなり限定された意味で用いている。忠告は，まさにセネカが導入部でストア派の主張として説明しているように，それぞれの「役」にとっての適切な行為を命じる言葉として考えられている。すなわち，「自分がどのような立場にある場合に」「行為の対象がどのような立場にある場合に」「どのような場面において」というような，状況を参照しながら適切な行為を命じる言葉として考えられている。（なお，「こう歩いて，そこへ手を差し出せ」という忠告については，その他の忠告のように状況への記述がないが，実際には状況を参照しておりその記述が省略されているのだと，私は解釈する。）したがって，アリストンは状況を参照しながら適切な行為を命じる言葉として忠告を考えていたと解釈するべきである。もしそうであれば，ここでアリストンは初期ストア派の忠告の理論を批判している以上，初期ストア派においても 1. 忠告は規則であるということ，さらに 2. 忠告は状況を参照する規則であるということ，が主張されていたという

ことになるだろう。

　ストア派が忠告を規則として考えていたということについて，さらに以下のことが根拠として挙げられるだろう。まず，アリストンはセネカと違って，忠告は励ましや格言であると述べていない。また，セネカの『倫理書簡』95において，ストア派のポセイドニオスは「忠告（praeceptio）だけでなく，説得，慰め，励ましもまた必要である」と主張したと言われている[51]。このことは，ポセイドニオスを含めたストア派一般はセネカ[52]と異なり，忠告とそのほかの教育手段とを区別したことを示している。

　以上のように，忠告は状況を参照する規則であるということが明らかになった。次に，忠告はどのような形式を取る規則であるのかという問題について，それがトークンとしての状況を参照するのかタイプとしての状況を参照するのかという点を，さらに考察したい。

　結論から言うと，ストア派において，忠告はトークンとしての状況を参照するのではなくタイプとしての状況を参照する規則であると考えられていたと私は解釈する。理由は以下の通りである。

　まず，一人一人に固有の忠告を与えることが必要であれば忠告は無限になってしまうという，正統ストア派へのアリストンの批判は，正統ストア派において忠告がタイプとしての状況を参照すると考えられていたということを示唆している。すなわち，アリストンは正統ストア派に対して，たとえば婚姻関係について忠告を与えようとすれば，妻が初婚である場合と再婚である場合とでは異なる忠告を与えなければならないだろうし，妻が裕福である場合と貧乏である場合とでは異なる忠告を与えなければならないだろう，と指摘している。アリストンのこのような批判は，タイプとしての状況を参照する忠告は，トークンとして物理的に一つである状況に対して無限に与えられることになってしまう（つまり，ある人が直面しているトークンとしての状況について，妻は初婚か再婚か，裕福か貧乏かなどのように，無限の観点を取り上げることによってそのトークンとしての一つの状況は無限のタイプとしての状況として記述されうるので，無限のタイプとしての状況に対応する無限の忠告が必要になる）と

51）　『倫理書簡』95. 65.
52）　Idem 94. 38.

いうことを意味していると考えられる。

　さらに，セネカの『倫理書簡』とは別のテクストにおいて，ストア派が自殺や金儲けが適切である状況を数え上げているということも指摘しておきたい[53]。（ただし，これらのテクストにおいて「忠告」という語は用いられていない。）このことから，具体的な行為についての忠告は，数え上げられるものとしての状況，すなわちタイプとしての状況を参照するとストア派が考えていたと推測することができるだろう。

　以上のことから，ストア派において忠告はタイプとしての状況を参照する規則であると考えるべきである。

　忠告とは何であるのかという問題について，最後に，忠告は適切な行為を導く推論の部分を構成しなければならない規則として考えられているのか，それとも破棄されることも可能である規則として考えられているのかということを考察する。

　以下の理由で，前者（忠告は適切な行為を導く推論の部分を構成しなければならない規則として考えられている）が正しいと考えられる。

　まず指摘したいのは，忠告が破棄されることも可能な規則であると解釈する必要がないということである。セネカにおいて忠告が推論の部分を構成する規則として考えられていないということは，ストア派において忠告が破棄されてもよい規則として考えられていると解釈する理由にはならない。なぜなら，上で指摘したように，励ましや格言なども忠告の一種であるという主張はセネカ以外のストア派の思想家において確認されず，セネカ独自の主張であると考えられるからである。さらに，忠告は破棄されることも可能な規則であるという解釈の前提である，忠告は状況を参照しない規則であるということは，上で見たように間違っている。すなわちこの解釈は，ストア派が状況を参照しない規則として忠告を考えており，かつ，知者は状況に応じて自殺や人肉食を行うと彼らが述べているということから，知者は状況に応じて忠告，つまり一般的なガイドラインを破棄する権限が与えられているとい

---

[53] 自殺については，偽エリアス『ポルピュリオス「エイサゴーゲー」注解』6. 14（＝SVF 3. 768）を参照。金儲けについては，プルタルコス『ストア派の自己矛盾について』1043D-E（＝SVF 3. 693）を参照。

う結論を導いている[54]。だが，忠告が状況を参照する規則である以上，忠告は破棄されることが可能なガイドラインであると解釈する必要はないのである。

つぎに，忠告は推論の部分を構成する規則として考えられていると解釈すべきである，積極的な理由を述べたい。第一に，適切な行為についてのストア派の議論において，自分の立場，行為の対象者の立場，社会的な場面などの上で引用したような典型的な忠告が参照する要素についての言及がされている。すなわち，適切な行為に関するストア派の書物の中で，「父親と食事をしているときにより遠くにある取り分けのほうがより大きければ手を伸ばすべきか，それともそばにある取り分けで満足するべきか」「哲学者の講義を聴くときに人々は足を組むべきか」などの問題がストア派によって「探求された」と伝えられている[55]。残念ながら，どのような文脈においてこれらのことが議論されたのかは明らかでない。だが，適切な行為を主題とする書物においてこれらの要素を持つ問題が「探求」されたということからわかるのは，少なくとも，これらの問題に対する回答，すなわち，「父親と食事をするときはこうすべきである」というような，忠告と同じ形式と内容を持つ規則を定めることが，適切な行為を発見するために重要だと考えられていたということである。第二に，適切な行為を導く推論は，タイプとしての状況を言及する規則に従うと考えるべきである。前節で見たように，クリュシッポスはアリストンに対して，タイプとしての状況を参照する規則（と倫理学や自然学の理論）によって適切な行為を導くことができると主張した。したがって，本節で確認したように，忠告がタイプとして状況を参照する規則であることを考慮すると，忠告はそれを与えられた人の魂において定着して，適切な行為を導く推論の一部をなすようになると考えられていた可能性が高い。

以上のことを考慮すると，ストア派において忠告は知者によって破棄され

---

54) e.g. Inwood (1986a) 554; Inwood (1999) 111.
55) アプロディシアスのアレクサンドロス『アリストテレス「トピカ」注解』84（＝SVF 3. 711）．

ることも可能であるような規則として考えられていたのではなく，むしろ，適切な行為を発見する推論の部分を構成する規則として，学習者の魂のうちに定着させられる言葉として考えられていたと解釈するべきだろう。

4-4 「忠告」と「原理」

　忠告とは何かという問題について，忠告は，タイプとしての状況を参照する規則であり，また，忠告を与えられた人間の魂に定着して適切な行為を発見する推論の部分を構成する，ということが明らかになった。

　もし忠告が以上のようなものであるとすれば，忠告と，忠告がそれから由来すると言われる「原理」の関係について考察することによって，ストア派における適切な行為を発見する推論の構造を明らかにすることができるだろう。前節において，適切な行為を導く推論は，タイプとしての状況を参照する規則（たとえば「病気が治らないと分かっているならば，健康であることを望むべきではない」）と，そのような規則の前提となる，人間の自然や摂理などについての理論（たとえば「ゼウスが宇宙全体を統治している」「自分が病気であることは宇宙全体の自然に反していない」）の両方に整合しなければならないということを私は論じたが，両者の関係について詳しく論じなかった。以下でセネカの『倫理書簡』94を用いながら，タイプとしての状況を参照する規則と，倫理学や自然学などの理論との関係を，より具体的な仕方で考察したい。

　忠告と原理はどのような関係にあるのか？　この問題を考えるために通常セネカの『倫理書簡』94および95が主要な資料として用いられるが，上述のように，二つの書簡において忠告についてのセネカ独自の見解がかなり含まれている。したがって，忠告と原理の関係についても，忠告についてと同様に，『倫理書簡』94の冒頭で紹介されるストア派とアリストンの論争と，『倫理書簡』94の全体において紹介されるアリストンの批判を参照するのが安全だろう。

　まず94の冒頭において，アリストンが忠告は個別的であるが原理（すなわち哲学の原理）は人生全般に関するものであると述べたということ，また，クレアンテスが忠告は原理に由来しなければ脆弱であると述べたということが報告されている。忠告と原理のこのような対比は，忠告は不要であり原理

だけを教えればよいという次のアリストンの主張において，より具体的に説明されている。

セネカ『倫理書簡』94. 10-11.

　　もし不明瞭で曖昧なことについて忠告を与えるなら，論証の助けを借りなければならないだろう。もし論証しなければならないなら，論証するために用いる根拠そのものが忠告よりも効果があり満足させるだろう。「友人とはこう，同胞市民とはこう，同盟者とはこう付き合いなさい。」「なぜですか？」「なぜなら，それが正しいことだから。」これら全てを，正義について論じる箇所が私に教えてくれる。その箇所で私は次のことを発見する。公正はそれ自体として望まれるべきものであること，私たちは公正へと恐怖や報酬によって突き動かされるのではないこと，この徳に伴う，なんであれ徳以外のものを好む人間は，正しくないということ。

　すなわち，「友人とはこう付き合いなさい」というような，行為の対象者の立場を参照する規則の正しさを論証する根拠として，「徳はそれ自体として望まれるべきである」というような，行為の対象者の立場，行為者の立場，社会的な場面などの要素を参照しない原理が用いられるということが，ここで述べられている。

　クリュシッポスもまた，行為の対象者の立場，行為者の立場，社会的な場面などの状況を参照する個別的な規則が，状況を参照しない哲学的な原理によって何らかの仕方で根拠づけられるべきであると考えていたようである。たとえば，クリュシッポスは財産の獲得が適切である状況の一つとして「自分が政治家になるか，政治的に高い地位にある友人から財産を得ること」を挙げており，その根拠として人間が理性的，社会的，相互扶助的な動物であるという，ストア派の倫理学の基本的な主張を用いている[56]。

　ただし注意しなければならないのは，忠告と原理の関係は演繹的な推論を可能にする位階的な規則の体系であるという解釈を，以上のテクストから裏づけることはできないということである。(なお私は上で述べた理由からセネカ

---

56) ストバイオス『精華集』2. 7. 11m（＝SVF 3. 686/LS 67W）。

の『倫理書簡』のうちアリストンの主張を紹介している箇所のみを取り上げているが，インウッド[57]が適切に示したように，忠告と原理の関係を位階的な規則の体系とする解釈をセネカの『倫理書簡』の他の箇所から裏づけることもできない。)

　むしろ，忠告と原理の関係についてのストア派の議論は，忠告は原理に何らかの仕方で根拠づけられなければならないということ以上に発展しなかったと考えるべきだろう。このことを示す興味深い話がある。キケロによれば[58]，バビュロニアのディオゲネスとタルソスのアンティパトロスという，二人の高名なストア派の哲学者は次のような論争をした。飢饉のためにロドスで穀物の値段が高騰している。ある商人が穀物を船でアレクサンドリアからロドスに運び，彼はこれから大勢の商人が穀物を運んで来ると知っている。この売り手は強欲な人間でなく知恵のあるよい人である。このように仮定したとき，この商人はロドスの人たちに情報を開示せずなるべく高い値段で売るべきだろうか？　それとも自分にとって不利な情報を開示するべきだろうか？　アンティパトロスは，すべて開示するべきであると論じ，ディオゲネスは，国の法が定めている範囲を超えて開示する必要はないと論じた。彼らは結論において対立しているが，「人間の間に自然によって絆と協同関係があること」という信念を前提にしなければならないということには同意している。この事例は，普遍的な原理を根拠にしてトークンとしての状況に即した適切な行為を演繹的に導くことを可能にするような，位階的な規則の体系はストア派において整備されなかったということを示していると言えるだろう。

　適切な行為の定義においても，位階的な規則の存在は確認されない。上で見たように，適切な行為は，その行為が人間の自然本性に整合しているということを合理的に説明することができる行為として定義された。「合理的な説明」が具体的にどのような形式を取らなければならないのかは不明だが，少なくとも，その行為を位階的な規則の体系から導くことは，ストア派によって必要条件として述べられていない。

　以上のことから，ストア派において適切な行為を発見する推論の構造はつ

---

57)　Inwood（1999）118-119.
58)　キケロ『義務について』3. 50-55（＝SVF Diogenes 3. 49 ; Antipater 3. 62）.

ぎのようなものとして考えられていたと私は結論する。すなわち，人間の自然本性や宇宙などについての普遍的に真であるとされる理論と，その理論によって何らかの仕方で根拠づけられる，タイプとしての状況（典型的には「自分がどのような立場にある場合に」「行為の対象がどのような立場にある場合に」「どのような社会的場面において」など）を参照する規則から，適切な行為の推論は構成されているのである。

3と4のまとめ——ストア派の法の特徴

　ストア派の規範理論の意義について考察する前に，ここでストア派の理論の特徴を整理しておきたい。
　第一の特徴は，行為の規則はタイプとしての状況（典型的には，「自分がどのような立場にある場合に」「行為の対象がどのような立場にある場合に」「どのような社会的場面において」）を参照するということである。さらに，これらのタイプとしての状況は，ある優先されるものを選択することが共通の自然に反するということが予想されない状況か，あるいは予想される状況（たとえば，健康であれば僭主に仕えて身を滅ぼすことになるということが予想される場合）の二種類へと分類される。
　第二の特徴は，行為の規則は，ストア派の倫理学や自然学についての理論（「徳だけが善である」「人間は社会的な動物である」「宇宙は摂理によって統治されている」など）を根拠とするということである。ただし，理論による規則の正当化がどのような形式を取るのかいうことについて，ストア派は明確な主張をしなかったと考えられる。（理論的な探究を放棄したのかもしれないし，それとも理論と個別の規則の関係はある種の直観によってしか理解できないと考えたのかもしれない。）

　このようなストア派の理論は，現代の倫理学の文脈から言うと，一般主義と個別主義のある種の中間として理解されるだろう。すなわち，一方で，適切な行為をするためにはトークンとしての状況を考慮しなければならないと

いう，個別主義的な主張にもかかわらず，普遍的な原理と，それによって根拠づけられるタイプとしての状況を参照する規則の両方に推論は整合しなければならないと主張している点で，トークンとしての状況を判断する行為者の直観に行為の正当性を全面的に依存させるような，極端な個別主義とは異なっている。他方で，自然に即して生きることと法に即して生きることの同一性を説きながらも，以上のような仕方で状況を考慮する規則を提案している点で，ストア派は，カントに代表される，義務論的な自然法主義とも異なっている[59]。

5　ストア派の規範理論の意義
——普遍的な規範と特殊的な規範の関係について

　本章の冒頭で述べられた，より狭いコミュニティの規範と全人類のコミュニティの規範の対立という問題に立ち返ろう。ストア派においてこのような対立は生じない，というのが私の回答である。なぜなら，上で述べたように，自分や他者の社会的立場や社会的場面というような狭いコミュニティ内部の事情は参照されるが，それらの事情を参照する規則は普遍的な原理によって根拠づけられなければならないからである。（もちろん，今度はそれがどのような手順を踏んで根拠づけられるかが問題になるが，すでに見たようにストア派はこの問題についてはっきりした答えを用意しなかったようである。）

　ストア派の規範理論はこうした点で普遍主義的である。しかしながら，コスモポリタニズムやグローバル・ジャスティス理論といった普遍主義的な規範理論一般に対する批判——つまりそれらが権威主義的であるとか偽装された植民地主義であるという批判——をストア派はある程度まで回避することができるだろう。それは以下の理由による。

　まず，適切な行為を発見する推論はタイプとしての状況を参照する規則をトークンとしての状況に適用するという手順を踏むので，個人やある地域の直面する個別的な状況を無視した行為はストア派において適切であると認め

---

[59]　ストア派を義務論的な自然法主義の考案者であるとする解釈は，Striker（1986）において主張されている。

られない。さらに，ストア派の哲学者のうちの誰一人として自分のことを知者であると自称した者はいなかったということ[60]，またたとえ知者であってもあらゆることを知ることは不可能であるという彼らの主張を考慮すると[61]，人間の自然本性や宇宙についての彼らの理論は究極的に正しいものとして提案されたものではなく，暫定的に正しいものとして提案されたものであると考えることができるだろう。また上で再構築されたストア派の規範理論が要請する実践は次のようなものであり，権威主義や植民地主義にはあたらない。各人は普遍的な理論，とりわけ人間の自然本性についての理論を哲学的に探求し，さまざまなタイプとしての状況に対応する規則を自分の魂のうちに定着させ，そしてそれらの規則をトークンとしての状況に適用しなければならない。つまりストア派のコスモポリタニズムによれば，普遍的な規範の作成と実施は少数の「コスモポリタンな」知的エリートに任されるべき仕事ではなく，個々人が自分の置かれた状況において，哲学的な探求と「忠告」による教育を通じて行わなければならないものとして考えられているのである。

まとめ——ストア派の社会変革

　状況非参照解釈に反して，ストア派は，状況に一切参照しないで適切な行為を指示する規則が存在するとは考えなかったということを，本章において明らかにした。むしろ，ストア派はタイプとしての状況を参照する規則と，そしてそれを根拠づける普遍的な原理とを個人が内面化することによって，適切な行為を行うことができると主張したのである。

　最後に，ストア派の規範理論は社会的な変革を促すものであったか否かと

60）　セクストス・エンペイリコス『学者たちへの論駁』7. 432–435（＝SVF 3. 657）；プルタルコス『ストア派の自己矛盾について』, 1048E（＝SVF 3. 662）．より詳しくは, Brouwer（2014）を参照．
61）　セネカ『恩恵について』4. 34–4（＝SVF 3. 565）．

第 4 章　ストア派の法——直観と規則のあいだ

いうことを考えたい。なぜなら，ストア派が健康や財産など徳以外のものを「無差別なもの」に分類して，ただ徳だけを幸福の必要十分条件としたことから，彼らが個人の内面のみに注意を払い，実際の社会変革には興味がなかったと批判されているからである[62]。

確かに，ストア派が資源と権力の分配，公衆衛生，国際協定などについての具体的な政策を提案したという記録はなく，この点でストア派を批判するのは正当である。

しかしながら，まず確認したいのは，上で見たようにストア派の規範理論は決して外的な条件を無視しているわけでなく，無差別のものに関わる外的な状況を考慮して合理的な判断を下すことを要求する，ということである。

また，歴史的な観点から見た場合，ストア派の規範理論は，プラトンの『政治家』における，成文法と慣習の批判を継承している[63]。プラトンは，国家にとっての立法の重要性を論じるのに先立ち，優れた個人の統治者と比較した場合の成文法および慣習の問題，すなわち，科学的な新発見や状況の変化への対応の困難を指摘している。ストア派の規範理論もまた，個別の状況についての判断を重視する点で，成文法と慣習を批判するものであり（上述のように，ストア派はソロンの法律や十二表法は法ではないと主張したと言われている[64]），ある種の社会変革を求めていると言えるだろう。さらに，プラトンによる成文法と慣習の批判は，人々が国家という単位に分けられそれぞれの法律に従って生活していることを前提としているが[65]，ストア派においては，まさにゼノンが『国家』のなかでこの前提を否定し[66]，同じ規範——つまり個人の魂に定着した普遍的な信念体系——に従うものどうしがコミュニティをつくることが理想とされた。つまり，ストア派の規範理論は，硬直的な規範への反対に加えて，国家という枠にとらわれない，普遍的なコミュニティ

---

[62]　序章で言及したヘーゲルとバーリンの批判のほかに，最近のものとして Nussbaum (2011) 131 が挙げられる。
[63]　プラトン『政治家』294A 以下。
[64]　キケロ『アカデミカ前書』2. 136（＝SVF 3. 599）。
[65]　プラトン『政治家』295E.
[66]　プルタルコス『アレクサンドロスの運または徳について』329A–B（＝SVF 1. 262/LS 67A）．引用は本書の第 2 章 1 節を参照。

の形成の提案も行っているのである。

　したがって，ストア派の規範理論は個人の道徳性の改善のみを目的にしたのではなく，硬直的な社会規範を批判し，また，従来の枠組みを超えたコミュニティをつくることを目指す理論であると言えるだろう。

第 5 章

中後期ストア派
―― 伝統的なコミュニティの正当性

　第1章から第4章を通じて，初期ストア派について私は次のように論じた。初期ストア派は，知者だけを真の意味での市民であり友人であると主張したが，けっして知者以外の人間を倫理的な配慮の射程から除外するべきだと考えたわけではない。むしろ，初期ストア派は，知者以外の人間を含むあらゆる人間に対して正義が存在すること，また，あらゆる人間は理想的なコミュニティの潜在的な市民であることを論じたのである。

　それでは，一般に言われている，初期ストア派とそれ以降のストア派（つまり，中期ストア派および帝政期ローマの後期ストア派。以下で，両者を一括して「中後期ストア派」と呼ぶ[1]）の違い――すなわち，初期ストア派は，知者と，知者のコミュニティを描写する理想主義的な倫理学を構築したのに対して，中後期ストア派は，知者ではない人間が通常の意味での市民生活をどのように送るべきかを説く，当時のローマの上流階級の嗜好に適合した実践的な倫理

---

[1]　一般に，中期ストア派を代表する思想家としてタルソスのアンティパトロス（前130/129年死去），パナイティオス（前185年頃-前110/09年死去），ポセイドニオス（前135年頃-前50年頃）が挙げられる。帝政期ローマのストア派を代表する思想家としては，セネカ（前4-65年），ムソニウス・ルフス（30年以前-101/2年以前），エピクテトス（55年頃-135年），マルクス・アウレリウス（121-180年），ヒエロクレス（2世紀前半に盛年）が挙げられる。
　ただし，ムソニウスはストア派という特定の学派に属していたのではなく，むしろストア派の教義を取り入れつつ独自の思想を展開した哲学者であるという主張が Inwood (2017) によってされている。議論の必要がある点であるが，ここで取り上げるムソニウスの思想がストア派の影響を受けていることは確かなので，本書において私は一般的な見解に従い，ムソニウスを中後期ストア派に属する思想家として取り扱う。
　なお，キケロはストア派に強く影響を受けているが，基本的にはアカデメイア派を支持していた。

学を構築したと言われている[2]——は,存在しなかったと考えるべきなのだろうか? クリュシッポスは前206年前後に死去し,中期ストア派を代表するパナイティオスは前110年前後に,帝政期ローマのストア派を代表するマルクス・アウレリウスは180年に死去した。この400年近くの間,ストア派において,全人類に関わる倫理的な規範という問題,および,個人とコミュニティの関係という問題について,何も新しい発展はなかったのだろうか?

本章では,初期ストア派と中後期ストア派の違いについて,家族や国家などの伝統的なコミュニティの倫理的な重要性という観点から考察する。まず,中後期ストア派の基本的な性格として,彼らが,初期ストア派にくらべて,伝統的な社会秩序の枠組みを肯定する仕方で倫理学を構築しようとした,ということを確認する(1)。その上で,中後期ストア派は,決して無批判的に伝統的な社会秩序を肯定したのではなく,むしろ,彼らは伝統的なコミュニティについての新しい理論を発展させた,ということを論じる(2)。中後期ストア派の新しい理論として,次の三つのことを取りあげる。知者ではない人間を含めた全人類が帰属するコミュニティが,知者と神々の理想的なコミュニティと伝統的なコミュニティの両方から区別される形で存在するという考えが生み出されたということ(2-1),複数のコミュニティのあいだの優先順位についての考察がされたということ(2-2),正しいロゴスが伝統的なコミュニティの基盤として強調されたこと(2-3)である。最後に,中後期ストア派において発展した新しい理論が,全人類に関わる倫理的な関係にとって,また,個人とコミュニティの関係にとってどのような意義を持つのかを考える(3)。

1 中後期ストア派の基本的な性格

中後期ストア派の基本的な性格を短く言えば,伝統的な社会制度の肯定ということになる。この性格をよくあらわす現象として二つのことに注目した

---

[2] 第1章を参照。

い。一つは，中後期ストア派がゼノンによる過激な主張を否定したこと，もう一つは，中後期ストア派が結婚制度を倫理的な観点から高く評価したことである。

1-1 ゼノンの過激な主張に対する中後期ストア派の反応

中後期ストア派がゼノンの過激な主張を否定したということは，次の二つのことから推測される。まず，キケロの同時代人であった，エピクロス派のピロデモス（前110年頃-前30年頃）によるストア派の批判を見ると[3]，当時のストア派の信奉者たちのうちにゼノンの『国家』に対して否定的な見方を持つ者が多かったということが分かる。彼らは徳や幸福についてのストア派の主張を支持していたにもかかわらず，ゼノンが『国家』においてなした一部の主張が誤っていたことを認め，その誤りの原因としてゼノンが『国家』の執筆時にまだ若く未熟であったことを挙げている。また，ディオゲネス・ラエルティオスによれば[4]，ストア派のアテノドロスというペルガモンの図書館の司書が，ゼノンの著作中でストア派自身によって批判された箇所を切り取ったという事件（発覚後に修復された）が起こった。

これらの報告において，具体的にゼノンのどのような主張が問題になったのかは明らかでない。ピロデモスやカッシオスが『国家』における社会制度の改革を厳しく批判していることを考えると，おそらく妻子共有制度の導入や神殿の建設の禁止などの主張が問題になったと考えられる。

以上のことから，中後期ストア派は，ゼノンの『国家』において言われている，妻子共有制度の導入や神殿の建設の禁止などの過激な主張を否定したと推測される。

1-2 中後期ストア派における結婚制度の肯定

ゼノンが『国家』において理想的な国家を描写したとき，異性間の一夫一婦制としての結婚制度は否定され，有徳な知者の間での妻子の共有と，プラトンの『饗宴』で語られるような教育的かつ精神的な少年愛の形式によって

---

[3] ピロデモス『ストア派について』col. 9-12.
[4] ディオゲネス・ラエルティオス『哲学者列伝』7. 34.

代表される，徳に基づくエロス的な友愛関係が肯定された[5]。(なお，ゼノンが『国家』において状況が許せば知者は結婚し子どもをつくると述べたと報告されているが[6]，この報告は不正確であると考えられる。スコフィールド[7]が推測しているように，おそらく理想国家ではなく通常の社会においてのふるまいについてゼノンが他の著作において述べたことを『国家』に誤って帰属させているか，あるいは知者のあいだでの妻子の共有を結婚と呼んでいるのだろう)。

クリュシッポスの結婚に対する立場はゼノンよりも微妙である。彼は『国家について』という著作で地上における知者の共同生活を描写し，そこではゼノンと同様に妻子の共有制度の導入が主張された[8]。他方で，クリュシッポスは知者と神々のコミュニティという，物理的な境界が存在しない天上の範型を描写した[9]。このような天上の範型に参加するためには，人は家族や国家といった制度を解体する必要はなく，自分自身が有徳な人間になればよいだけである。したがって，クリュシッポスにとって結婚は，解体されなくともよいが，個人の倫理的な生にとって特別に重要ではないものだったと考えられる。少なくとも，クリュシッポスが伝統的な結婚制度について詳細に論じたという記録はない。

これに対して，中後期ストア派は結婚制度を肯定する議論を活発に行ったということが分かっている[10]。とりわけアンティパトロス，ムソニウス[11]，そしてヒエロクレスが結婚制度について詳しく論じている。年代の隔たりにもかかわらず，彼らの議論には多くの共通点がある。とくに重要な共通点が二つある。

一つ目の共通点は，ゼノンが理想的な状況において結婚制度を否定したのに対して，中後期ストア派は結婚を人間の自然本性に適ったものとして考え

---

[5] 妻子の共有および知者のエロス的な関係については，第2章3-2を参照。
[6] ディオゲネス・ラエルティオス『哲学者列伝』7. 121（＝SVF 1. 270）.
[7] Schofield (1991) appendix D.
[8] ディオゲネス・ラエルティオス『哲学者列伝』7. 131（＝SVF 1. 269）. 引用文は本書 p.75を参照。
[9] 本書の第3章を参照。
[10] より詳しくは，たとえば以下の資料を参照。Reydams-Schils (2005); Ramelli (2009).
[11] ムソニウス・ルフス（30年以前-101/2年以前）はストア派の哲学者で，エピクテトスの師。弟子のルキウスが彼の教えをまとめたとされる，『談論』が残っている。

第 5 章　中後期ストア派——伝統的なコミュニティの正当性

たということである。すなわち，結婚は，財産や健康などと同様に，ゼウスの意図に従って自然的な価値を持つものであり，その獲得がゼウスの意図に反すると考えられるような状況にないかぎりはその獲得を目指して行動するべきものである，と主張されたのである。中後期ストア派のこの主張は，たとえば以下の箇所から読み取ることができる。アンティパトロスは結婚を「最も必然的かつ第一の適切な行為のうちの一つ（τῶν ἀναγκαιοτάτων καὶ πρώτων καθηκόντων）」であるとし[12]，ムソニウスは，結婚は「自然に適っている（κατὰ φύσιν）」と述べ[13]，ヒエロクレスは，結婚を伴う人生は「優先されるもの（προηγούμενος）」であると主張した[14]。

　もう一つの共通点は，レイダムス-シルス[15]およびラメッリ[16]が指摘しているように，初期ストア派において知者どうしの友愛が強調されていたが[17]，中後期ストア派においては，通常の結婚制度のもとでの夫と妻の関係における精神的な結びつきが強調され，夫婦の関係が，あたかも徳に基づく知者どうしの友愛であるかのように——知者と有徳な若者とのあいだに成立する教育的な友愛[18]や，互いに恩恵を与えあう知者どうしの友愛[19]のように——描写されている，ということである。結婚はお互いの体と魂にまでいたる共有であるという主張[20]は，知者の間の友情は人生の共有であり知者たちは互いを自分自身のように扱うというストア派一般の主張[21]を連想させる[22]。また，

---

12)　ストバイオス『精華集』4. 67. 25（＝アンティパトロス「断片」（「結婚について」）（SVF Antipat. 63））.
13)　Idem 4. 67. 20（＝ムソニウス『談論』14（Hense））.
14)　Idem 4. 67. 22（＝ヒエロクレス「断片」（「結婚について」））.
15)　Reydams-Schils（2005）.
16)　Ramelli（2009）115-116.
17)　ディオゲネス・ラエルティオス『哲学者列伝』7. 32-33（＝SVF 1. 259/LS 67B），7. 129-130（＝SVF 1. 248）など.
18)　ディオゲネス・ラエルティオス『哲学者列伝』7. 129-130（＝SVF 1. 248）. 詳しくは本書 2 章 3-2（pp.76-77）を参照.
19)　プルタルコス『共通観念について』1068F（＝SVF 3. 627）. 詳しくは本書第 3 章 3-1（p.98）を参照.
20)　ストバイオス『精華集』4. 67. 25（＝アンティパトロス「断片」（「結婚について」）（SVF Antipat. 63）），4. 69. 90（＝ムソニウス『談論』13A（Hense））.
21)　ディオゲネス・ラエルティオス『哲学者列伝』7. 124（＝SVF 3. 631），ストバイオス『精華集』2. 7. 5l（＝SVF 3. 112）.
22)　Ramelli（2009）lxxxv.

結婚について,「美しい (καλός)[23]」という,ストア派において徳を前提とするものにのみ用いられる形容詞が用いられている[24]。さらに,配偶者を選ぶ際に外見の美しさや家柄の良さではなく性格,つまり徳への素質を見なければならないと主張されている[25]。夫と妻の精神的な結びつきが重視されていることを印象的な仕方で表現している文章として,ムソニウスの文章を引用しておこう。

ムソニウス『談論』13A (Hense) (「結婚の主要目的とは何か」)[26].

> 結婚においては,なににもまして,ともに暮らすこと,そして夫と妻の間のお互いへの配慮があるのでなければならず,またこれらのことは,病気のときも健康なときも,あらゆる状況においてあるのでなければならない。これらのことを双方が,子どもを得ることを望むのと同様に望んで,結婚へと至るのである。そして,この配慮が完全なものとなり,ともにいる者どうしがお互いを打ち負かそうと競ってこの配慮を完全な仕方で与えているとき,このような結婚は適切なものでありうらやむべきものである。なぜなら,そのような共同体は美しい〈καλή〉からである。

ここで言われているように,中後期ストア派において,夫と妻の関係はただ子どもを得るために存在するのでなく,互いに対する倫理的な配慮によって成立する「美しい」コミュニティなのである。

結婚に関するこれらの中後期ストア派による言説は,彼らが,一夫一婦制の結婚制度は理想的な社会と相容れないものではなく,むしろ人間の自然本

---

[23] ストバイオス『精華集』4. 69. 90 (=ムソニウス『談論』13A (Hense)):「なぜなら,そのような共同体は美しい (καλή) からである」, 4. 67. 24 (=ヒエロクレス「断片」(「結婚について」)):「だが私は,結婚を伴う人生は美しくもある (καλὸν) と思う」
[24] Ramelli (2009) 115-116.
[25] ストバイオス『精華集』4. 70. 103 (=アンティパトロス「断片」(「結婚について」) (SVF Antipat. 62)), 4. 67. 24 (=ヒエロクレス「断片」(「結婚について」)), 4. 70. 104 (=ムソニウス『談論』13B (Hense)).
[26] この文章は,ストバイオス『精華集』(4. 69. 90) において保存されている。ムソニウス自身が何か書き残したかは不明で,一般に,ムソニウスの弟子だったルキウスという人物がムソニウスの教えを書物にまとめたと考えられている。より詳しくは,Lutz (1947) 5-13 を参照。

性に適い，知者どうしの友愛のように，徳に基づく精神的な結びつきであると考えていたことを示している。

　以上で見たように，中後期ストア派は，初期ストア派による伝統的なコミュニティの解体を目指す主張を批判し，また，結婚制度を倫理的に重要なものとして肯定した。したがって，中後期ストア派は，結婚や神殿などの社会制度によって支えられている伝統的なコミュニティを，倫理的に重要なものとして肯定していると結論してよいだろう。

　ストア派におけるこのような変化の背景は何だろうか？　初期ストア派の過激な主張に対する他学派からの厳しい批判や，社会の変化などの外的な要素が挙げられるだろうが，それに加えて，中後期ストア派において，伝統的なコミュニティとの関わりのなかでいかによく生きるべきかという，実践的な問題への取り組みが重視されたという内的な事情が，このような変化を要請したと私は考える。（なお，この問題は，単に伝統的な共同体の内側の人間に対してどうふるまうべきかという問題ではなく，次節で見るように，伝統的な共同体の外側の存在である見知らぬ外国人に対してどのようにふるまうべきか，また，見知らぬ外国人と身内のどちらを優先するべきかという問題も含んでいる。）

　もちろん，すでに初期ストア派において，自分や相手の社会的立場を考慮することが適切な行為の発見のために必要であるということは主張されていた[27]。だが，中後期ストア派においては，社会生活の具体的な場面に即して理論を実践に移すことの重要性が，初期ストア派よりも強調されている[28]。たとえば，エピクテトスは次のように述べている。（実践の重要性の強調は，セネカ[29]やマルクス・アウレリウス[30]においても確認される。）

エピクテトス『語録』3. 21.

---

27) 第4章を参照。
28) 中後期ストア派を逃避主義あるいは順応主義であるとする従来の解釈は誤りであり，むしろ哲学理論に基づいた実践を重視しているということに注目するべきであるということは，Reydams-Schils (2005) の序において詳しく述べられている。
29) セネカ『倫理書簡』20, 91.
30) マルクス・アウレリウス『自省録』1. 17.

大工は，やって来て次のように話したりしない。「私が建築の技術について論じるのを聴いてください」。むしろ大工は家を建てる契約をし，そして家を建てることによって彼がその技術を持っているということを示すのである。君もそのようにしなさい。人間にふさわしい仕方で食べなさい。人間にふさわしい仕方で飲みなさい，身なりを整えなさい，結婚しなさい，子どもをつくりなさい，市民の務めを果たしなさい。暴言に我慢しなさい，無分別な兄弟に耐えなさい，父親に耐えなさい，息子に耐えなさい，隣人に耐えなさい，旅の同行者に耐えなさい。以上のことを私たちに示しなさい。哲学者たちから君が本当に何かを学んだということを私たちが見るために。

ここで言われているような，理論は具体的な場面で実践されるために存在するという立場を取ったために，中後期ストア派は伝統的なコミュニティ（とその外側）について，初期ストア派よりも詳細に考察する必要があった。それゆえに，上で見たような，伝統的なコミュニティの解体を否定して，それらに倫理的な重要性を与えるという基本的な方針を打ち出すとともに，以下で私が取り上げる，個人が伝統的なコミュニティに帰属するということを前提にした，新しい主張を発展させたと考えられる。

2 中後期ストア派における新しい理論

中後期ストア派において，初期ストア派の主張と異なるさまざまな新しい主張がされた。そのうちで，全人類に関わる倫理的な関係と，個人とコミュニティの関係という観点から見て重要な主張は三つである。第一に，知者以外の人間も含む全人類のコミュニティという考えが確認される。これは，知者と神々のコミュニティという，初期ストア派によって提案された理想的なコミュニティと，伝統的なコミュニティの両方から区別される，新しい概念である。第二に，家庭や国家などの伝統的なコミュニティどうしの優先順位，また，そのような伝統的なコミュニティと全人類のコミュニティの優先順位の問題が，明確な形で論じられるようになった。第三に，伝統的なコミュニ

ティを以上のように明確にするとともに，伝統的なコミュニティをロゴスと関連させながら再考することも行われた。

以下で，これらの三点を考察したい。

2-1 全人類のコミュニティ

第2章および第3章で見たように，ゼノンとクリュシッポスは「法」「国家」「市民」などの政治的な概念の再定義によって，個人が本来的に帰属するのは知者（と神々）のコミュニティであると主張した。ゼノンの『国家』における知者のコミュニティの理論は，上で見たように，中後期ストア派によって批判されたが，クリュシッポスにおいて成立した，宇宙が知者と神々を市民とする理想的なコミュニティであるという理論は，中後期ストア派において次のような二重化の主張へと発展した。すなわち，個人は<u>血縁や地縁や利害関係で結ばれた愚者の現実的なコミュニティ</u>と，<u>完成されたロゴスによって結ばれた知者および神々の理想的なコミュニティ</u>の二つに属しており，後者が本来の意味でのコミュニティである，という主張である。たとえば，セネカのつぎの文章を見てみよう。（ムソニウス[31]，エピクテトス[32]，マルクス・アウレリウス[33]も同様の考えを表現している。）

セネカ『閑暇について』4. 1（= LS 67K）.

> 二つの国家を心で把握しよう。一つは広大な真実の国家であり，神々と人間たちが含まれている。そこでは，この隅とかあの隅とかに私たちが目を向けることはなく，私たちの国の国境はただ太陽によってのみ測られる。

---

[31] ムソニウス『談論』9（Hense）（= ストバイオス『精華集』3. 40. 9）：「実際，まっとうな人間であれば，いかなる場所であっても，幸福の原因として高く評価したり〈あるいは不幸の原因として〉低く評価したりしないものなのである。そのような人は，全てを自分自身によるものと見なし，また，自分のことを人間たちと神々からなるゼウスの国家の市民であると考えるのである。」

[32] エピクテトス『語録』1. 9. 6-7：「なぜそのような人が自分自身を宇宙の市民だと呼ばないことがあるだろう？ なぜ神の息子だと呼ばないだろうか？ なぜ人間たちのあいだで起こることについて恐れたりするだろうか？」

[33] マルクス・アウレリウス『自省録』6. 44：「私の属するポリスと祖国は，アントニウスとしてはローマであり，人間としては宇宙である。したがって，これらのポリスに利益をもたらすもののみが，私にとって善いものである。」

もう一つの国家は，私たちが生まれたときの状況のゆえに加入したところの国家である。

以上のような真実の国家と現実の国家という「二つの国家」に加えて，中後期ストア派において新しい種類のコミュニティが導入された。すなわち，知者と神々のコミュニティと伝統的なコミュニティのほかに，三つめの種類のコミュニティとして，全人類のコミュニティが存在すると主張されるようになった。次に引用するキケロとヒエロクレスの文章において，人間が形成するコミュニティ（知者のコミュニティを除く）について説明されており，そのうちの一つとして全人類のコミュニティが数えられている。（なお以下で引用されるキケロの著作『義務について』はパナイティオスの失われた同名の著作に基づいて執筆されており，引用した箇所はパナイティオスの思想を反映していると考えられている。）

キケロ『義務について』1. 53.（下線による強調は引用者による）

　　人間の共同体には数多くの度合いがある。すなわち，あの限りのない共同体から出発して，より密接に結ばれているのは同じ部族，民族，言語の共同体であり，この共同体によって人々は極めて強く結ばれている。同じ都市国家に所属していることはさらに近い。なぜなら，多くのものが市民のあいだでお互いに共有されているからである。すなわち，公共の集会所，神殿，公共の柱廊，道路，法律，法的に正しいこと，選挙が共有されている。これらに加えて，社交的な交流および交際や，仕事上の関係を多くの人が多くの人と結んでいる。より狭い絆は親族の共同体である。すなわち，かの果てしない全人類の共同体から出発して，小さく狭いものへと至るのである。

キケロはあらゆる人を含む限りのないコミュニティから始めて，民族の結びつきや仕事上の付き合いを経由し，親族の血縁関係へと至る。次にヒエロクレスの文章を見てみよう。

ヒエロクレス「断片」（「親族をどのように扱うべきか」[34]）．（下線による強調は引

用者による)

　というのも，全体的に言って，私たちの一人一人は言わば多くの円に囲まれている。それらの円のうちには，相互の差異と不均等の関係に応じて，より小さい円もあればより大きい円もあり，他の円を囲む円もあれば他の円に囲まれる円もある。最初の，最も近い円は，人が自分自身の精神を言わば中心として，その周りに描く円である。この円のうちには身体と身体のために用いられるものが存在する。なぜなら，この円は最も短く，また自身の中心にほとんど接しているからである。これに続く第二の円は，中心からより遠ざかり，第一の円を囲んでいる。第二の円のうちには子ども，兄弟，妻が位置する。これらの円の次に続く第三の円のうちには，おじ，おば，祖父，祖母，兄弟の子ども，さらに従兄弟が位置する。この次には他の全ての親戚を囲む円が来る。この後に続くのは同じ地区の住民の円であり，その次には部族の円，その後に国民の円，さらに国境の近くに住む人たちの円が続く。<u>最も遠く，最も大きく，そして他の全ての円を囲む円は，全人類の円である</u>。そして以上のような円が観察されたなら，それぞれの円に属する人々とのふさわしい関わりについて，円をいわば中心に向かって集めること，すなわち，外側の円のうちにあるものを内側の円のうちへと熱意によってつねに移すことが，訓練された者に適している。

　キケロとは逆に，この文章では狭い結びつきから出発して広い結びつきへと至るが，言われている内容はほぼ同じであり，ここでも最も包括的なコミュニティとして「全人類のコミュニティ」が言及されている。

　以上の文章において言われる，全人類のコミュニティとはなんであるのか？　キケロとヒエロクレスの文章から，全人類のコミュニティとは，文化的，言語的，物理的に隔たった人間をも含む，文字通り全人類をその構成員とする何らかの倫理的な関係であると考えられる。より具体的には，血縁，地縁，文化的共通性などを加入条件とする伝統的なコミュニティには含まれ

---

34) 本断片は，ストバイオスの『精華集』(4. 84. 23 = LS 57G) において保存されている。ストバイオスの『精華集』に保存されている一連のヒエロクレスの断片は，『適切な行為について』という著作からの抜粋だろうと考えられているが，「結婚について」と「家政学」という題名が与えられている断片は，独立した著作かもしれない(Ramelli (2009) xxvii)。

ることのない，見知らぬ外国人をも含む何らかの倫理的な関係であると言えるだろう。

このことは，前1世紀から後1世紀頃にあるプラトン主義者（生没年および氏名不詳）によって書かれたと推測されている[35]，ストア派を批判する[36]次の文章からも読み取ることができる。

著者不明『プラトン「テアイテトス」注解』5. 18-34（＝LS 57 H）.

> すなわち，われわれは自分に似ている者に親近にさせられる。だが，ひとは自分と同じポリスの市民に対してより親近にさせられる。なぜなら親近化には強弱があるからである。正義を親近化から導き出す人々〈＝ストア派〉は，もし彼らが，自分自身に対する親近化は遥か遠くのミュシア人に対する親近化と等しいと論じるなら，このような仮定によって正義は守られるだろうが，親近化がそのように等しいということは同意されえない。

この文章から，当時のストア派が，同じポリスの市民に対する親近化とそれを根拠とする正義が存在するように，見知らぬ外国人を含めたあらゆる人間に対して親近化とそれを根拠にする正義が存在すると主張したと考えられる[37]。

以上を総合して考えると，中後期ストア派において，遠くの見知らぬ外国人を含めた全人類のあいだに親近化とそれを根拠にする正義の関係が存在し，その関係は家族や国家などの人間の形成する様々なコミュニティの一つの種類であると主張された，と言うことができるだろう。

初期ストア派においてすでに，理性的な存在者である限りのあらゆる人間に対する親近化と正義が存在したということを，第1章で確認した。しかしながら，初期ストア派においては，人間の様々なコミュニティの一つとして，

---

[35] Tarrant（1983）. Tarrantは，アレクサンドリアのエウドロスによって書かれたのではないかと推測している。

[36] 親近化から正義を導くという主張の内容と，引用した箇所の後でアカデメイア派によるストア派の批判が続けられていることから，ここでストア派について述べられていると考えられる。

[37] なお，全人類に対する親近化というストア派の主張については，第1章2節を参照。

家族や国家などと並列的な仕方で,全人類の倫理的な関係が扱われることはなかった。なぜ,中後期ストア派において,言語や文化の異なる外国人のコミュニティが倫理的な考察の対象として意識されるようになったのだろうか? キケロもヒエロクレスもこの点について何も説明してくれない。おそらく一つの原因は,ローマが拡張し多くの同盟者と属州を持つようになるにつれて,ローマ人の不正行為に対する現地人からの訴えも増え,外国人とどのような倫理的な関係を結ぶべきかが重要な問題になったということだろう。この問題をローマ人たちが重く受け止め,社会として解決しようとしていたということは,ガイウス・グラックスによって提出され前123/124年に可決された,不法利得返還法をみればわかる。この法において,ローマと友好関係にある外国の市民たちに,ローマの政務官と元老院議員(および元老院議員の息子たち)に対して不当に奪われた財産の返還を訴える資格が与えられた[38]。

したがって,言語や文化の違う遠い国の人々に対する倫理的な関係というのは,少なくとも前2世紀以降のローマの上流階級にとって,無視できない問題だったと言える。このような現実に対応するため,中後期ストア派は全人類のコミュニティを家族や国家と並列的に扱うようになったのだろう。

この全人類のコミュニティという概念の導入とともに,中後期ストア派において,以下で見るように,全人類のコミュニティを含めた複数のコミュニティの優先順位という重要な問題が提起されることになる。

2-2 複数のコミュニティの優先順位

コミュニティの間の優先順位という問題について,キケロとヒエロクレスが比較的詳しく論じている[39]。結論を先に言うと,キケロにおいてもヒエロクレスにおいても国家と両親が最重視されているものの,絶対的な優先順位

---

[38] 法文と解説についてはLintott(1992)を参照。不法利得返還の訴訟の有名な例として,キケロがシキリア人の要請によって訴追人を務めた,元シキリア総督ウェッレスに対する訴訟が挙げられる。ウェッレスとその取り巻きによる美術品の強奪などの不正行為について,キケロが詳しく述べている(キケロ『ウェッレス弾劾』)。

[39] 他に,たとえばストア派のヘカトンが,国家や神殿に対する罪を犯した父親を告発するべきか否かという問題を論じている(キケロ『義務について』3. 90)。

は決定されていない。

　まずヒエロクレスの主張を要約しよう。国家については以下のように主張される。一本の指より五本の指を尊重するべきであるというような，全体が部分よりも優先されるという観点から[40]，国家は自分自身，家族，友人など，神々を除いた他のすべてのものより尊重されるべきであると言われる[41]。また両親については，われわれとの親密さという点では神よりも尊重されるべきであるとされる[42]。

　次にキケロの主張を確認しよう。パナイティオスの考えを反映していると考えられている[43]箇所において，両親と国家が，われわれが多くの恩義を負っているという点で他のコミュニティより優先されるべきであると主張される[44]。さらに，われわれだけを頼りにしていて他に養ってくれる人がいないという理由で，両親の次に子どもたちとその他の親族がつづく。

　ただしキケロは，国家＝両親＞家庭＞その他の親族，という分かりやすい説明をした後で，この優先順位によってある状況における適切な行為が機械的に導かれるわけではないと注意する。「何が各人にとって最も必要とされており，またわれわれなしでも各人が何を得ることができるのか，また何を得ることができないのか」といった要素を考慮しなければならず[45]，状況によっては家族よりも隣人の手助けをすることが適切である。

　したがって，キケロにおいてもヒエロクレスにおいても基本的に国家と両親を優先するという主張はされているものの，キケロによれば，実際にどのコミュニティへどのような貢献を個人がするべきかは，そのつどの状況に応じて変化するということになる[46]。

　以上のような基本的な優先順位が存在するということを踏まえて，次に，

---

40)　ストバイオス『精華集』3. 39. 35（＝ヒエロクレス「断片」(「国家をどのように扱うべきか」))．
41)　Idem 3. 39. 34（＝ヒエロクレス「断片」(「国家をどのように扱うべきか」))．
42)　Idem 4. 79. 53（＝ヒエロクレス「断片」(「両親をどのように扱うべきか」))．
43)　Dyck (1996) の解釈に従う。
44)　キケロ『義務について』1. 58.
45)　Idem 1. 59.
46)　何が適切な行為かを決定するためには状況への言及が不可欠であるというストア派の主張について，詳しくは第4章を参照。

第5章　中後期ストア派——伝統的なコミュニティの正当性

全人類のコミュニティに帰属する，見知らぬ外国人に対する責任という問題について考察したい。結論を先に言えば，ヒエロクレスにおいてもキケロにおいても，見知らぬ外国人に対して個人に期待される貢献はかなり限定されている。

ヒエロクレスは全人類を含む一番外側の円を内側に引き寄せることを提案しているが，他方で，両親や兄弟のような，助け合うために自然が私たちに与えた人々をなおざりにして血のつながりのない人間たちと身内のように親密に付き合おうとすることを，狂気の沙汰として批判している[47]。つまり，私たちの心理的また物理的資源を費やすべき対象として身内と見知らぬ他人を比較した場合，状況が同じであれば，前者は後者よりも優先されるということである。また，ストバイオスによって保存されている箇所を見るかぎり，神々，結婚相手，両親，兄弟そして親類に対する適切な行為については詳しく論じられているが，見知らぬ他人については，すべての人間に対して友好的であるべきだという程度のことしか論じられていない[48]。このことから，見知らぬ外国人に対する義務についてヒエロクレスは実質的な内容を与えなかったと考えられる。

キケロはどうだろうか？　キケロは見知らぬ外国人に対して私たちが持つ義務をつぎのような仕方で限界づける。

キケロ『義務について』1. 52.

> だが，各人の持つ富は乏しい一方で富を必要とする人間の数は無限である以上，相手を問わない気前の良さは，エンニウスの定めたあの限度，すなわち「〈他人の灯火を自分の灯火によって明るくしても〉自分の灯火がそのぶん暗くなったりしない」という限度に従うべきである。そうすれば，私たちは自分の身内に対して気前良くふるまう能力を保つことができる。

「相手を問わない気前の良さ」を発揮する状況，すなわち見知らぬ外国人

---

47) ストバイオス『精華集』4. 84. 20（＝ヒエロクレス「断片」（「兄弟愛について」））．
48) 同心円の比喩に加えて，ストバイオス『精華集』4. 84. 20（＝ヒエロクレス「断片」（「兄弟愛について」））において，兄弟と対比されながら人間一般が言及されている．

を含むあらゆる人間に対する義務を果たす場合においては，自分が養わなければいけない親族たちがきちんとした生活を送ることができる範囲内での支援が適切であるということになる。また，このような義務の例としてキケロが挙げているのは，火や水を与える，迷っている人に道を教える，助言を求める人に助言を与えるなど[49]，与える側にほとんど金銭的な負担あるいは労力を求めない行為に限定されている。

　もちろん，自分や身内の欲求を満たすために，見知らぬ外国人に対して危害を加えたり共有されるべきものの所有を認めなかったりすることは，キケロにとって不正な行為である。キケロは，あらゆる人間に適用される正義の原則として，二つのことを定めている。すなわち，「人は，不正に攻撃されたのではないかぎり，他人を害さないようにすること (ut ne cui quis noceat, nisi lacessitus iniuria)」という，正当防衛以外の理由で他人を害することの禁止と，「人は，共同のものは共同のものとして用い，個人のものは自分のものとして用いるようにすること (ut communibus pro communibus utatur, privatis ut suis)」という，私有財産と共有財産の区別である[50]。このような原則を身内には適用するが同国人には適用しない人，あるいは同国人には適用するが外国人には適用しないというような，あらゆる人間に対する適用を認めない人々は，人類の互恵的な結びつきを破壊し，また，人間を互いに助け合うようにつくった神々の意図に逆らう者として，キケロによって厳しく批判されている[51]。

　しかしながら，これらの普遍的な正義の原則が見知らぬ外国人に対してどのようなふるまいを要請するのかということについて，上述のような，与える側に負担の少ない親切な行為という以上のことは議論されていない。たとえばポッゲ[52]のように，豊かな国は貧しい国に明白な危害を加えているという主張を採用するか，あるいは「共同のもの」の範囲を火や水だけでなく天然資源や知的財産にまで拡大するのでなければ，上の二つの原則だけから，

---

49) キケロ『義務について』1. 52.
50) Idem 1. 20.
51) Idem 3. 28.
52) Pogge (2002).

第5章　中後期ストア派——伝統的なコミュニティの正当性

見知らぬ外国人に対する持続的あるいは費用のかかる積極的な支援を根拠づけることはできないだろう。事実，第4章で見たように，困窮しているロドスの人々に対して，彼らにとって有利な情報を開示せず高値で穀物を売りつけることは正しいか否かということについては，ストア派の哲学者たちにとって，彼らは全人類に対する正義が存在することを認めているのにもかかわらず，直ちに明らかではないのである。

したがって，中後期ストア派において，見知らぬ外国人をも含むあらゆる人間のコミュニティに対するよりも，血縁や地縁，社交的な交際によって結ばれた伝統的なコミュニティ（とりわけ国家と両親）に対してより多くの資源を配分するべきであるということが，必要性などの留保がつきながらも主張された，と結論することができる。

中後期ストア派の複数の対立するコミュニティについての理論を以上のように理解したうえで，この理論が示す初期ストア派と中後期ストア派の二つの相違点を指摘したい。

第一の相違点として，中後期ストア派において，キケロとヒエロクレスの文章に見られるように，複数の対立する伝統的なコミュニティへ帰属することは個人の倫理的な生の前提条件として明確に意識されているということを指摘したい。初期ストア派は，徳による政治的概念の再定義という手法を用いて伝統的なコミュニティのあり方を根本的に批判することに重点を置き，妻子共有制度の導入など伝統的なコミュニティの解体までも主張した。クリュシッポスは理想的なコミュニティを全宇宙とすることによって，それを意図したのかどうかは不明だが，伝統的なコミュニティを最終的に解体することなく理想的なコミュニティに参加する道を拓いた。したがって，中後期ストア派は，クリュシッポスによって示された道を次のように発展させたと言うことができる。すなわち，中後期ストア派は，個人にとって複数の対立するコミュニティに帰属していることは倫理的な生にとっての変更されえない前提条件である[53]とした上で，これらのコミュニティのそれぞれにどのよ

---

53) もちろん，特定の夫婦関係や特定の利害関係への帰属は変更されうる（離婚，転職など）。ここで私が言いたいのは，個人が複数のコミュニティに帰属しているということ自体は変更されえないということである。

うな貢献をするべきかという問題へと倫理学の重心を移動させたのである。

　第二の相違点として，全人類のコミュニティをその他のコミュニティの一種として考え，伝統的なコミュニティと対立しうるものとして捉えることによって，見知らぬ外国人を含めた全人類のコミュニティに対する義務と伝統的なコミュニティに対する義務の対立という重要な問題が意識化されたということが挙げられる。上で見たように，見知らぬ外国人に対する義務について実質的な議論はされていないが，現代のコスモポリタニズムにつながる問題を中後期ストア派は提起したと評価することができるだろう。

　他方で，以上のような変化にかかわらず，初期ストア派から中後期ストア派へ継承された重要な点がある。すなわち，適切な行為はあらゆる状況において一定の形式で存在するものではなく，状況に応じて変化するものであり，個人が普遍的な原理に従ってそのつど判断しなければならないということである[54]。このことが中後期ストア派において維持されたということは，たとえば上で見たように，適切な行為をするためには「何が各人にとって最も必要とされており，またわれわれなしでも各人が何を得ることができるのか，また何を得ることができないのか」といった要素を考慮しなければならないということ，また，「人は，不正に攻撃されたのではないかぎり，他人を害さないようにすること」「人は，共同のものは共同のものとして用い，個人のものは自分のものとして用いるようにすること」という正義の原理があらゆる人間に適用されなければならないということを，キケロが述べていることから確認できる。

　したがって，確かに中後期ストア派は，初期ストア派にくらべて，伝統的なコミュニティに対して貢献することを重視しているが，正義が基本的に特定のコミュニティに対して適用されるという考え，あるいは，特定のコミュニティに対して個人は固定的な義務を持ち，また，そのような義務を果たすことによってよく生きることができるというような考えは，中後期ストア派によって否定されるだろう。

　中後期ストア派が伝統的なコミュニティを無批判的に肯定したのではない

---

54)　第4章を参照。

第 5 章　中後期ストア派——伝統的なコミュニティの正当性

ということは，次に見るように，彼らが伝統的なコミュニティをロゴスと関連づけることによって正当化しようとしたということからも明らかである。

2-3　正しいロゴスとの関連づけによる伝統的なコミュニティの正当化

　中後期ストア派において，上述のように，私たちは見知らぬ外国人よりも血縁や地縁によって私たちと結ばれている人々を，恩義の関係と扶養の必要性のゆえに基本的には優先するべきであると主張される。

　ただし，これは初期ストア派において強調された徳（すなわち正しいロゴス）に基づく結びつきよりも，地縁や血縁の結びつきそれ自体を優先させるべきであるという主張ではない。まず指摘したいのは，少なくともキケロの記述に従えば[55]，地縁や血縁はそれ自体として優先性を与えられたのではなく，それらに付随する，恩義の関係と扶養の必要性のために優先された，ということである。さらに，以下で見るように，中後期ストア派は家族や国家などの伝統的なコミュニティを無批判的に肯定したのではなく，それらが正しいロゴスに基づいたコミュニティとなるように人々が努力するべきだとした。つまり，中後期ストア派は，家族や国家といった伝統的なコミュニティを本来的には正しいロゴスに基づいたコミュニティであるとした上で，家族や国家に属する人々は，地縁や血縁に伴う恩義の関係と扶養の必要性という観点から，見知らぬ外国人よりも基本的に優先されるということを主張しているのである。以下，結婚，両親，国家の順番で，これらのコミュニティが何らかの仕方で正しいロゴスへ関連づけられて描写されている事例を見ていこう。

（1）結婚

　結婚が知者どうしの徳，すなわち完全なロゴスによる結びつきに類似するものとして描写されているということは，すでに上で指摘した。繰り返しに

---

55)　ヒエロクレスは，「兄弟愛について」（ストバイオス『精華集』4. 84. 20）において，血の結びつきと理性による結びつきを区別した上で，血のつながっていない人たちと親しくして兄弟を蔑ろにすることを批判しているので，血縁関係それ自体にも特別な価値があると考えているようである。

なるが，該当する表現を抜き出してまとめると次のようになる。

1. 結婚は単に肉体の共有ではなく，魂にまでいたる共有であると主張される[56]。
2. 結婚について，「美しい（καλός）」という，ストア派において徳を前提とするものにのみ用いられる形容詞が用いられている[57]。
3. 配偶者を選ぶ際に外見の美しさや家柄の良さではなく，性格，つまり徳への素質を見なければならないと主張されている[58]。

さらに，お互いが徳へと向上することを怠り自分の利益だけを追い求める場合に結婚の結びつきは破壊されるというムソニウスの主張からも[59]，中後期ストア派が，結婚は互いのロゴスに配慮する結びつきでなければならないと主張していたことが分かる。

(2) 親子

第1章で確認したように，初期ストア派は，親の子どもに対する愛情を正義の徳の端緒として重視した。しかしながら，ゼノンとクリュシッポスは地上における理想的な知者のコミュニティを描写する際に妻子共有制の導入を主張し，結婚制度にもとづく妻と夫の関係のみならず，両親と子どもの血縁による結びつきを理想状態においては否定した。中後期ストア派においては，親と子どものコミュニティは少なくとも以下の二つの方法で肯定され，その

---

56) ストバイオス『精華集』4. 67. 25（＝SVF Antipat. 63），4. 69. 90（＝Hense 13. part A）．
57) Idem 4. 69. 90（＝ムソニウス『談論』13A（Hense））:「なぜなら，そのような共同体は美しい（καλὴ）からである」，4. 67. 24（＝ヒエロクレス「断片」(「結婚について」)):「だが私は，結婚生活は美しくもある（καλὸν）と思う。」
58) Idem 4. 70. 103（＝アンティパトロス「断片」(「結婚について」)（SVF Antipat. 62)），4. 67. 24（＝ヒエロクレス「断片」(「結婚について」)），4. 70. 104（＝ムソニウス『談論』13B（Hense））．
59) Idem 4. 69. 90（＝ムソニウス『談論』13A（Hense））:「だが互いに自分のことだけを考えて相手のことをなおざりにするとき，あるいは片方がそうするとき〈…〉，共同生活は崩壊せざるを得ず，一緒にいて物事がうまく行かず，完全に関係が破綻するか，独りでいるほうがましなような共同生活を送るのである。」

第 5 章　中後期ストア派——伝統的なコミュニティの正当性

いずれの仕方においても両親と子どもの結びつきは本来的には互いのロゴスを根拠とする結びつきとして考えられている。

　第一の方法は，親と子どもの関係を神と神を敬う人間の関係に類似させる方法である。ヒエロクレスは親と子どもの関係を神と神に仕える神官の関係にたとえている。家庭は親を神とする神殿のようなものとして見なされるべきであり[60]，両親はストア派における神のような存在，「恩恵を与える人であり，同族であり，債権者であり，主人であり，最も安定した友人」である[61]。このように，親と子どもの関係を，神と神を敬う人間の関係にたとえることの含意の一つは，親と子どもの血縁関係を，正しいロゴスによって物理的に結ばれた関係として描写することである。なぜなら，ストア派において，神は正しいロゴスであり，最初の人間たちは神からロゴス，すなわち魂を受け取って大地から誕生し，それゆえ最初の人間たちの子孫であるあらゆる人間は，神とロゴスを通じた血縁関係にあると言われるからである[62]。したがって，ヒエロクレスは親子の血縁関係を，正しいロゴスによって物理的に結ばれた関係として理解するように主張していると言うことができる。

　第二の方法は，正しいロゴスに従って行為することが本当の意味で親に従うことであると主張することによって，親と子の関係を，正しいロゴスを根拠とする従属関係として描写することである。ムソニウスは，父親が正しいロゴスに反する行為（たとえば窃盗や，哲学の勉強の放棄）を子どもに命令した場合に子どもは従うべきかという問題を議論し，あらゆる両親は自分の子

---

60)　Idem 4. 79. 53（＝ヒエロクレス「断片」（「両親をどのように扱うべきか」））.
61)　Ibidem.
62)　たとえば，キケロはストア派の主張を紹介してつぎのように述べている。キケロ『法律について』1. 24（＝SVF 1. 738）：「天体の絶え間ない運行と回転のうちに，人間の種族を植えるのに適した時期が到来した。人間の種族は，大地に蒔かれ植えられたとき，魂という神の贈り物によって成長した。人間を構成する他の部分は死すべき種族から由来し，それらは壊れやすく消滅するが，魂は神から植え付けられている。このことから，私たちには事実，天上の神々との〈父方の〉血縁関係あるいは種族や子孫の関係が存在するということが分かるのである。」同様の考えが，エピクテトス『語録』1. 9. 4に見られる。また，ゼウスから与えられた種子的なロゴスが大地に植えられて最初の人間が誕生したという考えは，以下のようにすでにゼノンにおいて見られる。ケンソリヌス『誕生日について』4. 10（＝SVF 1. 124）：「キティオンのゼノンは〈…〉最初の人間たちは，神の摂理である，神的な火の助けによって大地から生まれたと考えた。」

どもに対して善意を持っているという前提を用いて，正しい行為を行うことこそが両親に従うことであると論じている[63]。さらに，父親が強硬に正しくない行為を命じる場合は，人間の父親にではなく「全ての人間と神々に共通の父親であるゼウス」に従うべきであると，ムソニウスは主張する[64]。したがって，ムソニウスは子どもの親への従属関係を，個人の正しいロゴスへの従属関係として捉え直そうとしたと言える。

(3) 国家

中後期ストア派において，二つの方法によって，国家は正しいロゴスを基盤とするコミュニティとして描写されている。単純化して言えば，第一の方法は，プラトン的な哲人王の考え方であり，第二の方法は，人間のロゴスを人間的なコミュニティの成立の契機にするという，アリストテレス的な考えである。

まず，第一の方法について述べたい。中後期ストア派は，初期ストア派によって提示された知者のコミュニティという理想の代わりに，有徳な支配者が劣悪な人間たちを統治するコミュニティという理想を提示した。たとえば，ポセイドニオスは，過去の黄金時代に知者たちが支配者として人々を統治していたが，その後，劣悪な人間が支配するようになり，ソロンなどの知者によって法律がつくられたという歴史観を述べている[65]。また，ムソニウスは，支配者が哲学を学ぶ必要があるとして，理想的な支配者は，善や有益なものについての知識を持ち，節制があり，勇敢であるべきだと主張した[66]。中後期ストア派は，初期ストア派のように国家のすべての構成員に完全なロゴスを求めることをしないが，支配者は少なくとも被支配者よりもロゴスにおいて優れているべきだと主張しており，その点で，中後期ストア派は国家の正当性を支配者のロゴスに依存させていると考えることができる。さらに，このようなロゴスにおいて優れた者による支配の主要な手段は，刑罰や武力で

---

63) ストバイオス『精華集』4. 79. 51（＝ムソニウス『談論』16（Hense））.
64) Ibidem.
65) セネカ『倫理書簡』90. 3-6（＝LS 67Y）.
66) ストバイオス『精華集』4. 48. 67（＝ムソニウス『談論』8（Hense））.

第 5 章　中後期ストア派——伝統的なコミュニティの正当性

はなく，ロゴス，すなわち理性的な議論であるとされていることも指摘したい。たとえば，ポセイドニオスは，黄金時代の統治について，知者たちが被支配者たちに「なすべきこととなすべきでないことについて説得した（suadebant dissuadebantque）」と述べ[67]，支配に従わない者には国外追放以上の刑罰を与えなかったと述べている[68]。また，ムソニウスは，支配者は議論によって相手を打ち負かすことができるのでなければならないと主張した[69]。

　第二の方法では，国家の成立の原理が，神によって人間に与えられたロゴス的な自然本性にあるということが言われる。この考えは，キケロの『義務について』における，ストア派的な考えのうちに確認される。キケロによれば，配偶者と子どもを構成員として財産を共有する家庭は，国家の基礎である[70]。また，家庭の成立は，「理性の力（vi rationis）」が，「会話と生活をともにすることのために（et ad orationis et ad vitae societatem）」，人間を互いに親密にするということに求められる[71]。したがって，国家の成立の原理もまた，家庭と同様に，理性（ratio）と会話（oratio）という，人間のロゴス的な活動（より具体的に言えば，「教える」「学ぶ」「伝える」「議論する」「判断する」ことなど[72]）であるとキケロが考えていることが分かる[73]。

　以上のように，中後期ストア派の，一見すると平凡で保守的な議論を注意深く読むと，彼らが伝統的なコミュニティをさまざまな方法で正しいロゴスへと関連づけて捉え直した上で，それらのコミュニティへの貢献を議論して

---

67)　セネカ『倫理書簡』90. 5.
68)　Ibidem.
69)　ムソニウス『談論』8（Hense）＝ストバイオス『精華集』4. 48. 67.
70)　キケロ『義務について』1. 54.
71)　Idem 1. 12：「自然はまた，理性の力によって，会話と生活をともにすることのために人間を互いに親しくさせ，また，とりわけ自分の子どもに対するある特別な愛情を植え付ける。さらに，人間どうしの交わりや集まりが存在するように，そして自分自身がそれへの参加を望むように突き動かすのである。また，以上の理由によって，暮らしを維持しまた豊かにするために役に立つものを，ただ自分一人にではなく，妻，子ども，そして自分が愛情を持ち，また世話をしなければならない人たちに供給することを望むようにと，自然は人間を突き動かすのである。」
72)　Idem 1. 50.
73)　なお，キケロによる政治的共同体の成立の議論が中世の思想家たちに与えた影響について，Nederman（1988）を嚆矢として，近年注目が高まっている。

いるということが分かる。したがって，中後期ストア派においても伝統的なコミュニティは無批判的に肯定されているのではなく，正しいロゴスをもつ知者と神々のコミュニティを範型として，それへと向かって改善されるべきものであると考えられていたと私は結論する。（なお，知者と神々のコミュニティが中後期ストア派において範型として考えられているということは語彙からも裏づけることができる。エピクテトス[74]は現実のポリスが知者と神々のポリスの「模倣物（μίμημα）」であると述べた。）

中後期ストア派における以上のような新しい主張を，中後期ストア派のプロジェクトの達成（すなわち，伝統的なコミュニティとの関わりのなかでいかによく生きるべきかという問題に哲学的な回答を与えること）という観点から評価するならば，彼らの試みはある程度成功したと言えるだろう。

私がそのように考えるのは，中後期ストア派が以下の二つのことを達成したことにより，さまざまなコミュニティのそれぞれに対してどのように行為すべきかという問題の解決に貢献していると言えるからである。

まず，伝統的なコミュニティそれぞれの重要性と優先順位は，伝統的なコミュニティ相互の比較，また伝統的なコミュニティと全人類のコミュニティとの比較によってより明確に規定されるようになった（たとえば，個人は両親と国家に対する恩義がある，国家は個人や家を包括する全体である，見知らぬ他人よりも身内は扶養の必要性のゆえに優先されるべきである，など）。

また，知者（と神々）のコミュニティを伝統的なコミュニティの範型として設定することによって，伝統的なコミュニティに関する具体的な問題を「徳」や「ロゴス」という観点から分析することができるようになった（たとえば，「結婚相手を選ぶときには容姿の美しさではなく徳への素質を重視するべきである」「父親の命令であっても正しいロゴスに反する場合には従わなくてもよい」など）。

---

74) エピクテトス『語録』2. 6：「というのも，人間とは何であろうか？ ポリスの部分である。第一に，神々と人間たちのポリスの部分であり，その次に，それに最も近いと言われるもの，すなわち，宇宙全体のポリス〈＝神々と人間たちのポリス〉の小さな模倣物である，ポリスの部分である。」

もちろん，キケロがコミュニティに対する義務は状況によって変化すると述べていることが示すように，コミュニティ間の基本的な重要性と優先順位，また「徳」や「ロゴス」という観点に加えて，個別的な状況を考慮しなければ日常生活においてコミュニティに対する義務を果たすことはできないと中後期ストア派は考えていた。だが，個別的な状況における判断のための参照点として，各コミュニティの重要性と優先順位，および，知者と神々のコミュニティという範型が機能することができるようになったという点で，中後期ストア派の試みは一定の成功を納めたと言えるだろう。

3　中後期ストア派の主張の意義

3-1　全人類に関わる倫理的な関係という考えの発展について——全人類のコミュニティ

　全人類に関わる倫理的な関係という考えの発展について，中後期ストア派の主張のうち最も重要なのは，いま現に存在するあらゆる人間が一つのコミュニティを形成しているということである。すでに初期ストア派において，あらゆる人間に対して不正の禁止という意味での正義が存在するということ，理想的なコミュニティに原理的にはあらゆる人間が参加可能であるということが主張された。しかしながら，中後期ストア派において初めて，キケロとヒエロクレスの文章において確認されるように，複数のコミュニティの中で最大のものとして全人類のコミュニティという概念が明確に述べられるようになった。すなわち，理想的なコミュニティに原理上は誰でも参加できるという主張と，いま現に存在しているあらゆる人が多様なコミュニティのうちの一つとしての全人類のコミュニティに帰属するという主張が，中後期ストア派においては二つの区別される主張として両立していたということである。

　このような新しい考えにもとづいて，キケロおよびヒエロクレスのテクストにおいて確認されるように，全人類のコミュニティに帰属する見知らぬ外国人に対して私たちはどのような義務を持っているのか，そしてその義務は

家族や国家に対する義務とどのように異なるのかということが，実質的ではなくまた断片的な仕方ではあるものの，中後期ストア派において問題にされた。したがって，現代のコスモポリタニズムにとって重要な問題が，中後期ストア派において初めて問題として意識化されたと言えるだろう。

3-2 個人とコミュニティの関係について――地上のコミュニティの改善

　個人とコミュニティの関係についての中後期ストア派の主張の意義を短く言えば，中後期ストア派はバランスの良いコスモポリタニズムを提案したということである。すなわち，個人を根無し草にしてしまうというコスモポリタニズムに対する批判と，批判精神に乏しく偏狭であるというコミュニタリアニズムに対する批判の両方を，中後期ストア派の理論は回避することができる。なぜなら，中後期ストア派の理論は，特定のコミュニティに帰属することを個人のよい生の重要な前提とする一方で，特定のコミュニティにおける固定的な役割を果たすことも，伝統的な価値観に無批判的に従うことも否定するからである。

　もちろん，すでに私が指摘したように，初期ストア派においても，現実の特定のコミュニティに帰属することや特定の個人に対する愛情それ自体が，絶対的に否定されたわけではなかった。むしろ，初期ストア派の主張は，知者どうしのエロス的な共同生活（ゼノン），あるいは，知者と神々の互恵的な関係（クリュシッポス）を範型としながら，個人は自分の帰属する現実の特定のコミュニティを改善するべきであるということだった。しかしながら，初期ストア派において，家族や国家などの，知者のコミュニティ以外の特定のコミュニティへ帰属することは，とくにゼノンにおける妻子共有制度の導入が示しているように，個人の倫理的な生活にとって究極的には取り除かれるべきもの，あるいは，それほど重要ではないものとして考えられていた。

　これに対して，中後期ストア派は，妻子共有制度を導入するような知者のコミュニティが地上に実現する可能性を否定し，複数の現実の特定のコミュニティに帰属するということ自体を個人の倫理的な生にとって変更されえない条件として設定した。また，親子関係，夫婦関係，国家などの個別のコミュニティがどのような点で知者のコミュニティという範型に近づけられるべき

なのかという，初期ストア派にとって究極的には重要でなかった問題（なぜなら，これらの関係は究極的には取り除かれるべきものなのだから）を，中後期ストア派は重要な問題として提起し考察した。

したがって，中後期ストア派において，地上のコミュニティを否定するというコスモポリタニズムの根無し草的な部分は完全に消されて，地上のコミュニティの改善という方針が明確に打ち出されたと言えるだろう。

まとめ――アリストテレスへの回帰？

本章では，初期ストア派と中後期ストア派の間に以下のような違いがあるということを指摘した。中後期ストア派は初期ストア派よりも社会生活における具体的な実践を重視し，伝統的な家族や国家の解体というゼノンの理想を完全に否定した。また，このような実践の重視によって次のような新しい理論が発展した。すなわち，全人類のコミュニティがその他の人間のコミュニティのうちの一つとして存在するという主張，複数のコミュニティに対してどのような義務を果たすべきかという問題についての考察，そして，伝統的なコミュニティを正しいロゴスと関連づけて見直すことである。

これらの新しい主張の意義は，上述のように，全人類が現に一つのコミュニティに属するという現代のコスモポリタニズムにとって核となる主張が述べられたということと，伝統的なコミュニティの改善という方針が明確にされたということである。

中後期ストア派のこのような伝統的なコミュニティを重視する考察を，私は初期ストア派からの発展として論じてきた。しかしながら，このような考えを，アリストテレス的な理論――すなわち，人間は自然本性において社会・政治的（ポリス的）な動物であるという主張[75]――への回帰として見ることもできるだろう。実際，キケロは個人が大小様々な複数のコミュニティに帰

---

75) アリストテレス『政治学』1. 2.

属しているということを論じた直後に,アリストテレスによるポリスの形成についての議論に明らかに影響を受けた主張を述べている。すなわち,生殖への衝動という,種の永遠性を目的としたあらゆる動物に共通の自然的な衝動が家庭および政治的なコミュニティの起源であるということが,ここでキケロによって語られる[76]。

このように見た場合,アリストテレスにおいて国家(ポリス),すなわち,そこにおいて対等な市民たちが理性的な議論によって合意を形成することができる,社会・政治的なコミュニティが,人間のよい生にとって家庭や経済上の交際などと区別される特権的な枠組みとして機能しているため[77],中後期ストア派にとっても同様に国家が倫理学の特別な枠組みとして考えられていたのかどうかということが問題になる。この問題を簡単に考察して本章を終えたい。

アリストテレスの理論と中後期ストア派の理論の重要な違いは,国家と切り離された個人をどのようなものとして考えるかという点にある。アリストテレスの場合,国家から切り離された個人は,あたかも全体から切り離された手,あるいは石でできた手のようなものであり,倫理的な能力を発揮しながら人間にふさわしい生を送ることはできないと論じられる[78]。これに対して,たとえばムソニウスは次のことを主張する。国家から追放された個人はなお倫理的な主体として充分によく生きることができること,すなわち,追放によって勇気や節制などの徳が奪われることは決してないということ[79]。たとえ国家から追放されても,真実の友人との交際は続くこと,またシノペのディオゲネスのように外国で自由に人々と議論することもできるということ。そもそもあらゆる個人の本当の祖国は宇宙であるということ。ムソニウスのこのような主張は,初期ストア派における知者どうしの友愛,そして知者と神々のコミュニティという考え,また,散歩などの些細な行為を含めたあらゆる行為が有徳な行為でありうるというストア派の規範理論にもとづい

---

76) キケロ『義務について』1. 54.
77) アリストテレス『政治学』1. 2.
78) Ibidem.
79) ストバイオス『精華集』3. 40. 9(=ムソニウス『談論』9(Hense)).

ていると考えられる。(さらに，帝政期ローマにおいて追放されることは必ずしも過酷な生活を意味するわけではなく，手当が支給される場合，家族や友人の援助を受ける場合，研究を続けて有力者の庇護を受けたり現地で弁論術を教えたりする場合もあったということ[80]も，ムソニウスのこのような考えに影響を与えているかもしれない。)

したがって，このようにアリストテレスと比較した場合，中後期ストア派は，少なくとも国家という社会・政治的なコミュニティに個人のよい生にとっての特権的な地位を与えないという点で，アリストテレスの倫理学とは大きく異なっていると言うことができるだろう。

---

80) 帝政期ローマの追放について，より詳しくは Braginton（1944）を参照。

結　論

　ゼノンによる知者の国家の構想から中後期ストア派による伝統的なコミュニティの捉え直しまで，以上においてストア派のコスモポリタニズムの発展を辿ってきた。

　はじめに述べたように，本書の目的は「コスモポリタニズム」と呼ばれる思想の原形を明らかにすることと，現代のコスモポリタニズムにとって有用な知見をストア派の思想から得ることである。

　そこで，本書の結論として以下のことを述べたい。まず，ストア派の思想についての私の解釈でとくに重要な点を確認する。つぎに，現代のコスモポリタニズムの困難を克服するためにストア派のコスモポリタニズムがどのような観点を与えてくれるかを指摘する。最後に，このようなストア派のコスモポリタニズムの特長を理解するため，具体例に即して形式化する。

解釈の要点
——愚者の包含，範型としてのコミュニティ，普遍的な規範

　私の解釈の要点は以下の三つである。

　1．初期ストア派は知者以外の人間を倫理的な関係から排除しなかった

　「知者だけが市民である」というゼノンの主張のため，初期ストア派は知者ではない愚者，つまり一般大衆を倫理的な関係から排除したと解釈されて

きた。だが，ゼノンのこの奇妙な主張は，「市民」という概念を知識（徳）に関連づけて再定義し，私たちに知者になるように訴えるものであり，知者以外の人間を倫理的な関係から排除するべきであるという主張ではない。（第1章）

初期ストア派が愚者を排除しなかったということは，以下の点から裏づけられる。まず，すでにクリュシッポスにおいて（そしておそらくゼノンにおいても），あらゆる人間に対する正義が存在するということが論じられていた。（第1章）さらに，知者のコミュニティへの参加の条件は徳にしたがって生きることであり，またあらゆる人間が徳を獲得することが原理的には可能である以上，あらゆる人間は同じコミュニティの潜在的な市民であり友人であるということになる。（第2章，第3章，第5章）

   2. ストア派は，私たちが心に抱く範型として，知者（と神々）のコミュニティを提案した

知者のコミュニティという構想を発表することでストア派が何を主張しようとしたのか解釈が分かれているが，ストア派の主張は，私たちが知者（と神々）の徳にもとづくコミュニティを範型として心に抱き，その範型に即して現実のコミュニティを改善していくべきだ，ということだと考えられる。ただし範型の具体的な内容については，ゼノン，クリュシッポス，中後期ストア派のそれぞれで異なっている。以下，範型の具体的な内容について順に述べる。

ゼノンは，法が徳であるということを根拠にして知者だけを市民とする理想的なコミュニティを範型として提案した。ゼノンの理想的なコミュニティにおいて，家族は解体され，その代わりに容姿を通じて表に現れる徳に基づいた友愛関係が市民のあいだに成立する。（第2章）

クリュシッポスは，神々と知者のコミュニティ，すなわち現に物理的に存在する宇宙を範型として提案した。クリュシッポスの範型は，ゼノンの範型に比べて以下の特長を持つ。まず，家族などの伝統的なコミュニティを解体することなく参加でき，また，ストア派の自然学によって理論的に補強され

ることが可能だった。さらに，現に存在する星々の姿，伝統的な神々についての詩や神話によって豊かなイメージとリズムを持たせることができた。このように，クリュシッポスは宇宙全体を範型とすることによって単に知者のコミュニティという理想をより説得的にしただけでなく，重要な変更を加えた。すなわち，知者のコミュニティは物理的な距離によって妨げられない互恵的な関係だとされた。（第3章）

中後期ストア派はクリュシッポスの路線を引き継ぎ，家族や国家などの伝統的なコミュニティが究極的には解体されるべきであるというゼノンの考えを完全に否定した。その上で，実践的な問題に対処するために家族や国家などの各コミュニティに関して新しい考察を行った。その結果，見知らぬ外国人を含めた全人類を包括するコミュニティという概念が導入され，また，各コミュニティ間の優先順位が考察された。とはいえ，中後期ストア派が初期ストア派の批判精神を失ったわけではない。家族や国家は無条件に肯定されたのではなく，正しいロゴスと関連づけて捉え直された。たとえば，アンティパトロスやムソニウスは，夫婦はお互いの徳に配慮するべきであると主張し，ポセイドニオスは，国家の支配者はロゴスにおいて優れていなければならないと論じた。（第5章）

3. ストア派は，各人がそのつど状況と普遍的な規範を考慮するように求めた

ストア派の規範理論について，第4章において以下のような考察を行った。
状況を参照せずに適切な行為を規定する規則（たとえば「健康を選ぶべきだ」）の存在をストア派が認めたという解釈に反対して，ストア派の主張は，個別的な状況（トークン）と，状況（タイプ）を参照する規則（たとえば「自分の体を切除しなければ生命が失われる状況においては，切除するべきだ」），さらに，このような状況を参照する規則を根拠づける，善や宇宙についての普遍的な原理（たとえば「人間は互いに助け合うようにつくられた」「有徳な人だけが幸せである」）を考慮することによって，そのつど適切な行為が決定されるということだ，と論じた。したがって，ある行為の適切さは，それがどのようなコミュ

ニティの利害に関係しようと同じ仕方で，つまり，上のような手続きを経た推論に合致するかどうかによって決まるということになる。

ストア派のコスモポリタニズムの有用な観点

　序章において私が指摘したように，友情や愛情を全人類の善を実現するための手段にしてしまっているという批判を受け，現代のコスモポリタニズムはよく生きることやアイデンティティの問題に踏み込むことを避ける傾向にある。このように穏健化したコスモポリタニズムに対して，ストア派のコスモポリタニズムはどのような観点を提供することができるのだろうか？

　まず，グローバルな正義の根拠づけという問題について考えたい。正義についての現代の穏健なコスモポリタニズムによると，特定のコミュニティに対する責任が何によって発生するのかについて，個人がどのように考えるかということは，少なくとも何らかの普遍的な正義（たとえば，基本的人権，国際的な協定など）に反さない限りにおいて，個人の自由な理解に委ねられることになる（何らかの普遍的な正義に由来すると考えてもよいし，そのように考えなくてもよい。特定の統治形態に由来すると考えることも，個人の忠誠心，信仰心，愛情などの心理に由来すると考えることも自由である）。

　これに対して，ストア派のコスモポリタニズムにおいては，夫婦の関係，親子の関係，支配者と被支配者などの伝統的なコミュニティに対する責任（あるいは，よりストア派的な概念を用いるならば「義務」ないし「適切な行為」）は，少なくとも以下のような二つの仕方で普遍的な原理に言及しながら決定，あるいは正当化されなければならない。

　第一に，ある特定のコミュニティが，知者のコミュニティすなわち普遍的な原理によって統治されているコミュニティを範型としていると前提した上で，その範型を参照しながらそのコミュニティに対する義務を決定しなければならない（たとえば「夫婦はお互いの徳に配慮しあうべきである」，「父親の命令にはそれが正しいロゴスに反していない限りは従うべきである」など）。

　第二に，ある特定のコミュニティに対する義務（両親の世話，国家の防衛な

ど)を決定するとき,その義務は,普遍的な原理(たとえば「人間は自然本性において社会的な動物である」,「あらゆる人間に対して正義が存在する」など)によって根拠づけられるという形式で推論を組み立てなければならない。

ストア派の行為者は,以上のような仕方で普遍的な原理を参照しつつ,その原理を根拠とする,タイプとしての状況を参照する規則(「父親と食事をするときにはこうするべきである」など)とトークンとしての状況も考慮しながら,ある特定のコミュニティに対する義務を決定する。

したがって,現代の穏健なコスモポリタニズムと異なり,ストア派のコスモポリタニズムは,特定のコミュニティに対する個人の義務が何に由来するのかという問題について各人が以上のように普遍的な原理に言及する仕方で理解し,その理解にもとづいて普遍的な原理に従いながら生きることを要求する。

このことをもう少し具体的に説明しよう。たとえば,結婚という特定のコミュニティに即して言えば,現代の穏健なコスモポリタニズムによると,私の夫に対して私が果たすべき義務を,必ずしも全人類のコミュニティに由来するものとして考えなくてもいいのであって,少なくとも法と個人の権利に反さない限り,特定の文化(言語,生活のルール,ちょっとした癖や仕草など)と歴史(出会ってから今までの二人の生活の歴史,将来の計画など)を私と共有するかけがえのない人格としての,私と夫のあいだに成立する愛情や友情,忠誠心に由来するとか,あるいは,私と夫が暮らしている特定の社会において承認されている結婚についての価値観に由来するとか,あるいは,私と夫が信じている特定の宗教の結婚についての教義から由来するというように考えてもよい,ということになる。

だが,ストア派のコスモポリタニズムによれば,私が私の夫に対してどのような義務をもつのかを理解するためには,生活をともにして互いの徳に配慮しあうというような,知者のコミュニティとしての結婚の範型を参照するとともに,「人間は互いに恩恵を与えあうべきである」「各人にとって健康,金銭,家族,評判などは優先されるもの(自然的な価値を持つもの)である」というような,普遍的な原理をつねに参照しなければならない。さらに,「夫が病気であるときに妻はこうするべきである」というような,タイプとして

の状況を参照する規則と，個別的な状況，つまり，過去における恩恵の関係，現在の収入，健康，適性，自由になる時間などの，トークンとしての状況を考慮する必要もある。

つぎに，文化とアイデンティティ，およびよく生きることの問題について考えたい。現代の穏健なコスモポリタニズムによれば，家族，地域，国家などの特定のコミュニティは，全人類のコミュニティに言及することなくそれ自体として倫理的な責任を個人に対して発生させることができ，したがって，個人が人間として十分によく生きるためには必ずしも自分を全人類のコミュニティの一員として考える必要はなく，個人は，特定のコミュニティの一員としてそのコミュニティに対する義務（それらは全人類のコミュニティに対する義務から独立したものとして考えられている）だけを果たしながら生きることによっても，人間として十分によく生きることができるということだった。

これに対して，ストア派のコスモポリタニズムによれば，家族や国家などのある特定のコミュニティに対する義務を果たすためには，上で述べたような普遍性が要求される。したがって，個人が他者への倫理的な責任を果たし，人間として十分によく生きるためには，自分を特定のコミュニティの伝統と文化に従って生きる存在としてだけ考えるのではなく，自分を本来的には知者のコミュニティ，すなわち全人類を潜在的な市民とするコミュニティに帰属し，普遍的な原理に従って生きる存在として考える必要があるということになる。

このことを，再び結婚の例に即して考えてみよう。私が人間としてよく生きるためには，私と夫からなる，特定の文化と歴史を共有する夫婦のコミュニティへ帰属する妻と夫として，あるいは，複数の特定のコミュニティ（地域，勤務先，国家，趣味の交際など）へ多層的に帰属する人格としてのみ私と夫を理解することで十分だと，穏健なコスモポリタニズムは主張する。だが，ストア派のコスモポリタニズムによれば，私は自分自身を，妻や，母や，どこどこの市民や，どこどこの社員や，だれだれの友人などとして（そして夫もそのようなものとして）見なすだけでは不十分である。私が私の夫への義務を果たし，よく生きるためには，私自身と私の夫の双方を，知者のコミュニティに本来的には帰属する人間として見なし，二人の関係を普遍的な原理に

従わせ、知者のコミュニティへ近づける努力を——クリュシッポス風の言い方をするならば、恩恵の女神たちの、無限に回帰する舞踏へ二人で加わる努力を——しなければならない。

　以上のように、ストア派のコスモポリタニズムによれば、つねに普遍的な原理とそれに基づく範型を参照することによって、個人はよく生きることができ、加えてグローバルな正義に従っているということになる。

　このような徹底的な普遍主義について、次のような疑問が当然生じると思う。まず、各人が行為を決定するたびに、普遍的な原理と状況を参照し、完璧な推論をしろというのは、あまりにも過大な要求ではないだろうか？　正直に言って、この点については、古代のストア派の批判者たちによる、知者がほとんど非現実的な存在であるという指摘[1]は正しいと私は思うし、ストア派自身も知者が稀にしか存在しないことを認めていた[2]。あくまでこのような行為者は目指すべき理想であって現実性はなくてもかまわない、非現実的な理想にも現実を変える力がある、と主張することは論理的にも歴史的にも間違いではないが、実生活における有用性という観点からは、別のことも述べておいたほうがよいだろう。一つの提案として、この推論の形式を個人のレベルではなく組織のレベルでの行為決定に適用することが考えられる。たとえば、特定のコミュニティどうしの利害が対立したとき、コミュニティ間の対話の形式は、互いが果たすべき義務の根拠として、普遍的な原理と互いのおかれた状況とを前提するという手続きを必ず踏まなければならない、という要求としての普遍主義である。あるいは、ある特定のコミュニティが、当該のコミュニティに対するその構成員の果たすべき義務を決定するとき、コミュニティの意志決定機関はそのような手続きを必ず踏まなければならない、と要求することである。別の適用方法としては、個人レベルの行為決定に適用する場合、行為するたびに完璧な推論をすることを要求せず、推論する場面と推論の緻密さとを限定するということが考えられる。たとえば、セ

---

1)　たとえば、アプロディシアスのアレクサンドロス『運命について』(cp. 28 p. 199. 7. Bruns = SVF 3. 658)、ピロデモス『ストア派について』col. 12. 1–9（引用文は本書 p.57）など。
2)　セクストス・エンペイリコス『学者たちへの論駁』7. 432–435（＝ SVF 3. 657）；プルタルコス『ストア派の自己矛盾について』、1048E（＝ SVF 3. 662）. より詳しくは、Brouwer (2014) を参照。

ネカは一日の終わりにその日の自分の行為を思い出し,「今日,君は自分のどんな悪を治療したのか? どんな悪徳に抗ったのか? どの点で君はよりよくなったのか?」などのように問いかけ,自己分析することを習慣とするように勧めている[3]。セネカの自己分析の内容の例を一つ挙げよう。セネカはある日,宴会で下座におかれて怒りを感じたことについて,自分に向かってこう論じた。「愚か者め。寝椅子[4]のどの部分に横たわろうと,何が違うのか? 上座のクッションが君を立派にしたり卑しくしたりできるとでもいうのか?」[5]ここで複雑な論証はされていないが,おそらくこの分析の前提として,その日にセネカがおかれた状況と,「ただ徳だけが善である」という,普遍的な原理(少なくともストア派によれば)があるのだろう。このような仕方で,夜眠る前の限られた時間に,明日からの自分の行為を改善するためにはこれで十分だと自分が納得できる程度に推論を組み立てることであれば,実践可能なのではないだろうか。

　私が提案したストア派のコスモポリタニズムに対する,もう一つの重要な疑問として,つぎのことが指摘できるだろう。コミュニティに対する義務を普遍的な原理に由来するものとして考え,また,自分を知者のコミュニティの一員として考えるように要求することは,個人が特定のコミュニティに対して抱く特別な愛着を損なわないだろうか? ストア派の思想はたしかに個人の友情や愛情の理解の仕方に立ち入っており,それは個人の内的自由という点から問題かもしれない。また,普遍的な原理から,そしてそれに基づく範型から独立した伝統や規範は,たとえそれが特定のコミュニティのうちで承認されてきたものであっても,義務を発生させないとする点で,特定のコミュニティの構成員たちによって共有される歴史と物語のうちに生きたいという,コミュニタリアン的な欲求の一部を否定することになるだろう。とはいえ,この普遍主義は,少なくとも,現代の過激なコスモポリタニズムに対する,自分の身近な人たちや故郷への愛情を全人類の利益を効率的に実現するための手段としてみなしているという批判はかわすことができる。なぜな

---

3) セネカ『怒りについて』3. 36. 1–38. 2.
4) 古代ローマの宴会では,ベッドのような形の椅子に横たわりながら飲食した。
5) セネカ『怒りについて』3. 37. 4.

ら，ストア派が要求しているのは，特定のコミュニティに対する関係性を全人類の利益の手段とすることではなく，特定のコミュニティに対する関係性を知者のコミュニティという範型へと近づけること，また，身近な人々の状況も考慮しながら普遍的な原理にもとづいて適切な行為を実行することだからである。

具体例に即した形式化——遠くの外国人と自分の子ども

以上のように素描されたストア派のコスモポリタニズムについて，それがどのような中身を持つのか，また，過激なコスモポリタニズムに対する批判をどのように乗り越えることができるのか，具体例に即して形式化しながら，考察したい。ストア派のコスモポリタニズムの観点からは，ひとは，たとえば飢饉に苦しむロドスの外国人を援助する場合であれ，自分の子どもを散歩に連れて行く場合であれ，あるコミュニティに対する義務が何であるかを判断するあらゆる場合に，少なくとも以下の点を確認しなければいけないということになる。

 A 普遍的な原理が前提されているか
 A1 人間は互いに助け合うべきであるということが前提されているか[6]
  （私はロドス人たちと助け合うべきである）
  （私は自分の子どもと助け合うべきである）
 A2 あらゆる人にとって生命，心身の健康，財産，家族，快楽などの一連の「優先されるもの」が価値を持つということが前提されているか[7]
  （ロドス人たちにとって彼らの優先されるものは価値を持ち，同様に私にとっ

---

[6] たとえば，キケロ『善と悪の究極について』3. 67（＝SVF 3. 371/LS 57F），キケロ『義務について』3. 50-55（＝SVF Diogenes 3. 49；Antipater 3. 62）などにこの原理が確認される。
[7] ストア派の価値の理論については第4章を参照。

て私の優先されるものは価値を持つ)

(私の子どもにとって彼／彼女の優先されるものは価値を持ち，同様に私にとって私の優先されるものは価値を持つ)

B　この状況において私は「優先されるもの」を獲得するべきか忌避するべきか[8]

B1　その他人への援助が必要な状況かどうか[9]

(私がロドス人たちに穀物を安値あるいは無償で提供するよりいい方法はないのか)

(私のほかに私の子どもを散歩に連れて行く人はいないのか，散歩する以外の方法で私の子どもは楽しみを得られないのか)

B2　その他人への援助によって，私しか頼れない人たちの生活が困窮しないか[10]

(私がロドス人たちに穀物を安値あるいは無償で提供することによって，私の子どもの生活は困窮しないか)

(私がいま私の子どもを散歩に連れて行くことによって，その子ども，あるいはその他の私しか頼れない人たちの生活が困窮しないか[11])

B3　恩恵に関するその他人と私の関係はどうなっているか[12]

(ロドス人たちから私は過去にどのような恩恵を受けたのか)

(私の子どもから私は過去にどのような恩恵を受けたのか)

逆に，以下の点は判断に影響を及ぼしてはいけない。

---

[8]　第4章で論じたように，個別的な状況に関する判断についてストア派の統一見解があるわけではない。ここで挙げた3点は，キケロの報告するパナイティオスの考えから抽出した（第5章を参照）。

[9]　キケロ『義務について』1. 58.

[10]　Idem 1. 52.

[11]　これは馬鹿げた質問に見えるが，たとえば私が病気で寝込んでいるときや，出勤間際に子どもが散歩に連れて行ってほしいと言ってきた場合は，このことを真剣に考える必要があるだろう。

[12]　Ibidem.

結　論

　C　徳にもとづかない関係（血縁[13]，婚姻，宗教，国籍などの関係それ自体）
　　が存在するか否か
　　（私にロドス人の親戚がいないこと，ロドス人が私と違う宗教を信じていること，ロドス人と私の国籍が違うこと etc.）
　　（私の子どもと私の血がつながっている／いないこと，私の子どもと私の宗教が同じ／違うこと，私の子どもと私の国籍が同じ／違うこと etc.）

　適切な行為を決定するための推論の枠組みは，もちろん現実の場面においてはより多くの情報を考慮しより精緻な論理を組み立てる必要があるだろうが，ひとまず以上のように形式化されるだろう。
　このような思考としてのコスモポリタニズムは，現代の過激なコスモポリタニズムに対する批判を次のように乗り越えることができるだろう。特定のコミュニティとの関係，たとえば私と私の子どもの親子関係は，それが全人類の利益に適うという仕方でつねに正当化される必要はない。私が私の子どもに対して持つ義務，たとえば私が子どもを散歩に連れて行くことは，上で形式化したように，人々が互いに助け合うべきでありまた優先されるものがあらゆる人にとって価値を持つという普遍的な原理と，個別的な状況についての判断から正当化されるべきなのであって，各人が各人の子どもの世話を引き受けることが世界中のあらゆる子どもの利益を実現するための効率的な手段だからという形式によってのみ正当化されるべきではない。（ただし，より広いコミュニティに対する貢献のためにより狭いコミュニティに対する貢献の範囲が狭められる場合はありえる。たとえば，私がロドスの飢饉に対処する仕事をしていて明日からロドスへ出張しなければいけないので，子どもの散歩を別の人に任せる，というような場合。だが，この場合も私がロドスに行くべきであるのはそうすることによってより多くの子どもにより大きな利益を与えることができるからという功利主義的な理由によってのみ正当化されるべきではなく，援助の必要性などほかの多くの

13）ただし，ストア派のなかでも，ヒエロクレスは血縁関係それ自体に特別な価値があると考えたようである（本書 p.157，注55を参照）。他者への親近化の理論において親の子への本能的な愛情が重視される一方で，妻子共有制が理想とされるなど，血縁（とくに親子関係）についての価値づけは，初期ストア派においてすでに曖昧である。

理由，とくに，もしそうしても私と私の子どもの相互的な恩恵の関係が維持できるということによって正当化される必要がある。）

　ストア派における，知者と神々の相互的な恩恵のコミュニティという理想は，以上のような仕方で，つまり義務を判断するあらゆる状況で互いに恩恵を与えあい，また人間にとっての自然的な価値を尊重するという原理の具体化を目指すことによって，実現可能である。

　本書を通じて私が再構築を試みたストア派のコスモポリタニズムが，各人が自分の理性を働かせて普遍的な規範を構築することの助けとなれば幸いである。このことこそがストア派のコスモポリタニズムの要請なのだから。

参考文献表

＊本書において言及した文献のみ収録した。

一次資料
A　古代の著作

本書における古代の著作の日本語訳は，すべて私が作成した。その際に，以下の訳書を特に参考にした。

岡道男［ほか］訳『キケロー選集（哲学）』東京：岩波書店，1999-2002.
兼利琢也［ほか］訳『セネカ哲学全集』東京：岩波書店，2005-2006.
中川純男［ほか］訳『初期ストア派断片集』京都：京都大学学術出版会，2000-2006.

なお，訳文における〈　〉は訳者による補いを示す。

1. 底本にした校訂本

Aëtius (pseudo-Plutarchus), *De placita philosophorum*: G. Lavhenaud (ed.) 2003. *Plutarque. Oeuvre morale* 12-2. Paris: Belles Lettres.

Anonymus, *In Theaetetum*: G. Bastianini et D. Sedley (eds.) 1995. "Commentarium in Platonis 'Theaetetum'." In *Corpus dei papyri filosofici greci et latini*. 3. 227-562. Firenze: Olschki.

Aristoteles, *Politica*: W. D. Ross (ed.) 1957. *Aristoteles Politica*. Oxford: Oxford University Press.

Athenaeus, *Deipnosophistae*: S. D. Olson (ed.) 2006-12. *Athenaeus. The Learned Banqueters*. Cambridge, Mass.: Harvard University Press.

Censorinus, *De die natali*: K. G. Sallmann (ed.) 1983. *Censorini De die natali liber, ad Q. Caerellium : accedit anonymi cuiusdam epitoma disciplinarum (fragmentum Censorini)*. Leibzig: Teubner.

Cicero, *Academica* : O. Plasberg (ed.) 1922. *M. Tulli Ciceronis Scripta Quae Manserunt Omnia. Fasc. 42 : Academicorum reliquae cum Lucullo*. Leipzig: Teubner.

―――. *De finibus*: T. Schiche (ed.) 1915. *M. Tulli Ciceronis De finibus bonorum et malorum*. Leibzig: Teubner.

―――. *De legibus*: J. G. F. Powell (ed.) 2006. *M. Tulli Ciceronis De re publica, De legibus, Cato maior de senectute, Laelius de amicitia*. Oxford: Oxford University Press.

―――. *De natura deorum*: A. S. Pease (ed.) 1955-8. *M. Tulli Ciceronis De natura deorum*. Cambridge, Mass : Harvard University Press.

———. *De officiis* : M. Winterbottom (ed.) 1994. *M. Tulli Ciceronis De officiis*. Oxford : Oxford University Press.

———. *De re publica* : J. G. F. Powell (ed.) 2006. *M. Tulli Ciceronis De re publica, De legibus, Cato maior de senectute, Laelius de amicitia*. Oxford : Oxford University Press.

Cleanthes, *Hymnus* : J. C. Thom (ed.) 2005. *Cleanthes' Hymn to Zeus*. Tübingen : Mohr Siebeck.

Clemens Alexandrinus, *Stromateis* : O. Stählin et L. Früchtel (eds.) 1960. *Clemens Alexandrinus 2 : Stromata Buch 1-6*. Berlin : Akademie-Verlag.

Dio Chrysostomus, *Orationes* : Guy de Budé (ed.) 1916-1919. *Dionis Chrysostomi Orationes post Ludovicum Dindorfium*. Leipzig : Teubner.

Diogenes Laertius : T. Dorandi (ed.) 2013. *Diogenes Laertius. Lives of Eminent Philosophers*. Cambridge : Cambridge University Press.

Epictetus, *Dissertationes* : H. Schenkl (ed.) 1916. *Epicteti dissertationes ab Arriano digestae. Editio maior*. Leibzig : Teubner.

Eusebius, *Praeparatio evangelica* : K. Mras (ed.) 1954. *Preparation for the Gospel. Eusebius Werke 8. Die Preparatio evangelica*. Berlin : Akademie-Verlag.

Lucius Annaeus Seneca, *Epistulae* : L. D. Reynolds (ed.) 1965. *L. Annaei Senecae ad Lucullium epistulae morales*. Oxford : Clarendon Press.

———. *De beneficiis* : C. Hosius (ed.) 1914. *L. Annaei Senecae De beneficiis libri VII, De clementia libri II*. Leibzig : Teubner.

———. *De ira* : L. D. Reynolds (ed.) 1977. *L. Annaei Senecae dialogorum libri duodecim*. Oxford : Clarendon Press.

———. *De otio* : L. D. Reynolds (ed.) 1977. *L. Annaei Senecae dialogorum libri duodecim*. Oxford : Clarendon Press.

Marcianus, *Institutiones* : *Stoicorum veterum fragmenta*. 1-4 (= SVF) : H. F. A. von Arnim (ed.) 1903-1924. Leibzig : Teubner.

Marcus Aurelius, *Meditationes* : J. Dalfen (ed.) 1987. *Marci Aurelii Antonini Ad se ipsum libri XII*. Leibzig : Teubner.

Musonius Rufus : O. Hense (ed.) 1905. *C. Musonii Rufi Reliquiae*. Leipzig : Teubner.

Philodemus, *De pietate* : A. Henrichs (ed.) 1974. "Die Kritik der stoischen Theologir im PHerc. 1428." *Cronache ercolanesi* 4 : 5-32.

———. *De rhetorica* : D. Obbink (ed.) 1999. "The Stoic Sage in the Cosmic City." In *Topics in Stoic Philosophy*. edited by K. Ierodiakonou, 178-195. Oxford : Oxford University Press.

―――. *De Stoicis*：T. Dolandi（ed.）1982. "Filodemo. *Gli Stoici*. PHerc. 155e339." *Cronache ercolanesi* 12：92‒133.

Platon, *Politicus*：E. A. Duke et. al.（eds）1995. *Platonis Opera I*. Oxford：Oxford University Press.

―――. *Respublica*：S. R. Slings（ed.）2003. *Respublica*. Oxford：Oxford University Press.

Plutarchus, *De Alexandri Magni fortuna aut virtute*：F. Frazier et C. Froidefond（eds.）1990. *Oeuvres morales*. 5（1）. Paris：Les Belles Lettres.

―――. *De sollertia animalium*：Jean Bouffartigue（ed.）2012. *Oeuvres morales*. 14（1）. Paris：Les Belles Lettres.

―――. *De Stoicorum repugnantiis*.：D. Casevitz et M. Babut（eds.）2004. *Oeuvre morales*. 15（1）. Paris：Les Belles Lettres.

Porphyrius, *De abstinentia*：J. Bouffartigue et M. Patillon（eds.）1979. *Porphyre De l'abstinence*. 2. Paris：Les Belles Lettres.

Sextus Empiricus, *Adversus Dogmaticos*：H. Mutschmann（ed.）1914. *Adversus dogmaticos, libros quinque*（adv. mathem. VII-XI）*continens*. Lipzig：Teubner.

Stobaeus：C. Wachsmuth et O. Hense（eds.）1884‒1923. *Ioannis Stobaei anthologium*. Berlin：Weidmannsche Buchhandlung.

Xenophon, *Memorabilia*：Jeffrey Henderson（ed.）2013. *Memorabilia；Oeconomicus；Symposium；Apology*. Cambridge, Mass.：Harvard University Press.

2. 引用箇所の指定のために用いた断片集

Stoicorum veterum fragmenta. 1‒4（＝SVF）：H. F. A. von Arnim（ed.）1903‒1924. Leibzig：Teubner.（翻訳：『初期ストア派断片集』1‒5. 中川純男，水落健治，山口義久訳. 2000‒2006. 京都：京都大学学術出版会）

The Hellenistic Philosophers. 1‒2（＝LS）：A. Long and D. Sedley 1987. Cambridge University Press.

Theophrastus of Eresus. Sources for his Life, Writings, Thought and Influence. 1‒2（＝FHSG）：W. W. Fortenbaugh, P. M. Huby, R. W. Sharples and D. Gutas（eds.）1992. Leiden：Brill.

B. 近代の思想家の著作

イマニュエル・カント. 2002.『人倫の形而上学』. 樽井正義・池尾恭一訳. 東京：岩波書店（原題：*Die Metaphysik der Sitten*）.

―――. 2009.『永遠平和のために』. 宇都宮芳明訳. 東京：岩波書店（原題：*Zum ewigen Friden*）.

ゲオルク・ヴィルヘルム・フリードリヒ・ヘーゲル. 1994. 『歴史哲学講義（下）』. 長谷川宏訳. 東京：岩波書店（原題：*Vorlesungen über die Philosophie der Geschichte*）.

二次資料

Annas, J. 1993. *The Morality of Happiness*, Oxford： Oxford University Press.

Appiah, K. A. 2006. *Cosmopolitanism： Ethics in A World of Strangers*. New York： W. W. Norton & Company.

Baldry, H. C. 1959. "Zeno's Ideal State." *The Journal of Hellenic Studies* 79： 3-15.

―――. 1965. *The Unity of Mankind in Greek Thought*. Cambridge： Cambridge University Press.

Baltzly, D. 2014. "Stoicism." *The Stanford Encyclopedia of Philosophy*. Spring 2014 Edition. Edited by Edward N. Zalta． URL =〈http：//plato.stanford.edu/archives/spr2014/entries/stoicism/〉.

Barney, R. 2001. *Names and Nature in Plato's Cratylus*. Abingdon： Routledge.

―――. 2003. "A Puzzle in Stoic Ethics." *OSAP* 24： 303-340.

Beitz, C. 1979. *Political Theory and International Relations*. Princeton NJ： Princeton University Press.

Berlin, I. 1958. "Two Concepts of Liberty." In Isaiah Berlin. 1969. *Four Essays on Liberty*. Oxford： Oxford University Press. 118-172（アイザイア・バーリン．1979. 「二つの自由概念」『自由論』. 小川晃一［ほか］共訳. 東京：みすず書房. 297-390.）

Braginton, M. V. 1944. "Exile Under the Roman Emperors." *The Classical Journal* 39 (7)： 391-407.

Brennan, T. 1996. "Reasonable Impressions in Stoicism." *Phronesis* 41： 318-334.

―――. 2005. *The Stoic Life*. Oxford： Oxford University Press.

Briant, P. 2003. "Unité politique et diversité culturelle et religieuse dans l'empire achéménide." *Foi et Vie* 103 (4), septembre. Cahier Biblique 43： 7-15.

Brink, C. O. 1955. "Theophrastus and Zeno on Nature in Moral Theory." *Phronesis* 1 (1)： 123-145.

Brock, G. and Brighouse, H. eds. 2005. *The Political Philosophy of Cosmopolitanism*. Cambridge： Cambridge University Press.

Brouwer, R. 2014. *The Stoic Sage*. Cambridge： Cambridge University Press.

Chiesara, M. L. 2001. *Aristocles of Messene*. Oxford： Oxford University.

Cohen, E. 2009. *The Athenian Nation*. Princeton： Princeton University Press.

参考文献表

Colish, M. L. 1990. *The Stoic Tradition from Antiquity to the Early Middle Ages II : Stoicism in Christian Latin thought through the Sixth Century*. Leiden : Brill.

Dyck, A. R. 1996. *A Commentary on Cicero, De Officiis*. Ann Arbor : University of Michigan Press.

―――. 2003. *A Commentary on Cicero, De Legibus*. Ann Arbor : University of Michigan Press.

Erskine, A. 1990. *The Hellenistic Stoa : Political Thought and Action*. Ithaca : Cornell University Press.

Gill, C. 2013. "Stoic Erôs-Is There Such a Thing?" In *Erôs in Ancient Greece*, edited by Ed Sanders, Chiara Thumiger et al., 143-157. Oxford : Oxford University Press.

Graham, S. 2000. *The Greek World after Alexander, 323-30 BC*. London : Routledge.

Harvey, D. 2009. Cosmopolitanism and the Geographies of Freedom. New York : Columbia University Press.（デヴィッド・ハーヴェイ. 2013.『コスモポリタニズム――自由と変革の地理学』. 大屋定晴［ほか］共訳. 東京：作品社.）

Heater, D. 1998. *World Citizenship and Goverment : Cosmopolitan Ideas in the History of Western Political Thought*. London : Routledge.

Inwood, B and Donini, P. 1999. "Stoic Ethics." In *The Cambridge History of Hellenistic Philosophy*, edited by K. Algra, J. Barnes, J. Mansfield, and M. Schofield, 675-736. Cambridge : Cambridge University Press.

Inwood, B. 1986a. "Goal and Target in Stoicism." *The Journal of Philosophy* 83(10) : 547-556.

―――. 1986b. "Commentary on Striker." *Proceedings of the Boston Area Colloquium in Ancient Philosophy* 2 (1) : 95-101.

―――. 1999. "Rules and Reasoning in Stoic Ethics." In *Topics in Stoic Philosophy*, edited by K. Ierodiaconou, 95-127. Oxford : Oxford University Press.

―――. 2017. "The Legacy of Musonius Rufus." In *From Stoicism to Platonism : The Development of Philosophy, 100 BCE-100 CE*, edited by Troels Engberg-Pedersen, 254-276.

Ioppolo, A. M. 2012. "Chrysippus and the Action Theory of Aristo of Chios." *OSAP Supplementary volume* : 197-221.

Kleingeld, P. and Brown, E. 2014. "Cosmopolitanism." *The Stanford Encyclopedia of Philosophy*. Fall 2014 Edition. Edited by Edward N. Zalta. URL = 〈https : //plato.stanford.edu/archives/fall2014/entries/cosmopolitanism/〉.

Lintott, A. 1992. *Judicial reform and land reform in the Roman Republic*. Cambridge : Cambridge University Press.

185

Long, A. and Sedley, D. 1987. *The Hellenistic Philosophers*. 1-2.（=LS）Cambridge: Cambridge University Press.

Lutz, C. 1947. "Musonius Rufus: The Roman Socrates." Yale Classical Studies 10: 32-147.

Miller, D. 2007. *National Responsibility and Global Justice*. Oxford: Oxford University Press.

Mitsis, F. 1986. "Moral Rules and the Aims of Stoic Ethics." *The Journal of Philosophy* 83（10）: 556-557.

―――. 1994. "Natural Law and Natural Right in Post-Aristotelian Philosophy." *ANRW* part 2. 36（7）: 4812-4850.

Morrison, D. R. 2007. "The Utopian Character of Plato's Ideal City." In *The Cambridge Companion to Plato's Republic*, edited by G. R. F. Ferrari, 232-255. Cambridge: Cambridge University Press.

Nederman, J. 1988. "Nature, Sin and the Origins of Society: The Ciceronian Tradition in Medieval Political Thought." *Journal of the Histories of Ideas* 9（1）. Philadelphia: University of Pennsylvania Press.

Nussbaum, M. C., et al. 2002. *For Love of Country?: A New Democracy Forum on the Limits of Patriotism*. Boston: Beacon Press. Originally published: *For Love of Country: Debating the Limits of Patriotism*. 1996. Boston: Beacon Press.

Nussbaum, M. C. 2011. *Creating Capabilities: The Human Development Approach*. Harvard: The Belknap Press of Harvard University Press.

―――. 2013. *Political Emotions: Why Love Matters for Justice*. Harvard: The Belknap Press of Harvard University Press.

Obbink, D. 1999. "The Stoic Sage in the Cosmic City." In *Topics in Stoic Philosophy*. edited by K. Ierodiakonou, 178-195. Oxford: Oxford University Press.

O'Neill, O. 2000. *Bounds of Justice*. Cambridge: Cambridge University Press.

Pogge, T. 1989. *Realizing Rawls*. Ithaca: Cornell University Press.

―――. 2002. *World Poverty and Human Rights: Cosmopolitan Responsibilities and Reforms*. Cambridge: Polity Press.（トマス・ポッゲ. 2010.『なぜ遠くの貧しい人への義務があるのか：世界的貧困と人権』. 池田浩章［ほか］訳. 東京：生活書院.）

Ramelli, I. 2009. *Hierocles the Stoic: Elements of Ethics, Fragments, and Excerpts*. Atlanta: Society of Biblical Literature.

Rasimus, T. et al. 2010. *Stoicism in Early Christianity*. Peabody, Mass.: Hendrickson Publishers.

Reydams-Schils, G. 2005. *The Roman Stoics*. Chicago: University of Chicago Press.

Richter, D. S. 2011. *Cosmopolis : Imagining Community in Late Classical Athens and the Early Roman Empire*. New York : Oxford University Press.

Rist, J. M. 1969. *Stoic Philosophy*. Cambridge : Cambridge University Press.

Sandel. M. J. 1998. *Liberalism and the Limits of Justice*. 2nd ed. Cambridge University Press.（M. J. サンデル. 2009.『リベラリズムと正義の限界』. 菊池理夫訳. 東京：勁草書房.）

Schafer, J. 2009. *Ars Didactica : Seneca's 94th and 95th Letters*. Göttingen : Vandenhoeck and Ruprecht.

Scheffler, S. 1999. "Conceptions of Cosmopolitanism." *Utilitas* 11（3）: 255-76.

Schofield, M. 1991. *The Stoic Idea of the City*. Cambridge : Cambridge University Press.

———. 1999. *The Stoic Idea of the City*, with a new foreword by M. C. Nussbaum. Chicago : The University of Chicago Press.

———. 2009. Review of *Law, Reason, and the Cosmic City* by Katja Maria Vogt. *The Journal of Hellenic Studies* 129 : 241-242.

Sellars, J. 2007. "Stoic Cosmopolitanism and Zeno's Republic." *History of Political Thought* 28（1）: 1-29.

Striker, G. 1983. "The Role of Oikeiosis in Stoic Ethics." *OSAP* 1 : 145-67. Oxford : Oxford University Press.

———. 1986. "Origins of the Concept of Natural Law." *Proceedings of the Boston Area Colloquium in Ancient Philosophy* 2（1）: 79-94.

Tan, K. 2005. "The Demands of Justice and National Allegiances." In *The Political Philosophy of Cosmopolitanism*, edited by Gillian Brock and Harry Brighouse, 164-179. Cambridge : Cambridge University Press.

Tarn, W. W. 1948. *Alexander the Great* ii. Cambridge : Cambridge University Press.

Tarrant, H. 1983. "The Date of Anonymous *In Theaetetum*." *Classical Quarterly* 33 : 161-187.

Vander Waerdt, P. A. 1988. "Hermarchus and the Epicurean Genelogy of Morals." *Transaction of the American Philological Association* 118 : 87-106.

———. 1989. "The Stoic Theory of Natural Law." PhD dissertation. Princeton University.

———. 1994. "Zeno's *Republic* and Origins of Natural Law." In *The Socratic Movement*. edited by P. A. Vander Waerdt, 271-308. Ithaca : Cornell University Press.

Vogt, K. M. 2008. *Law, Reason and the Cosmic City : Political Philosophy in the Early Stoa*. Oxford : Oxford University Press.

Waldron, J. 1992. "Minority Cultures and the Cosmopolitan Alternative." *University of

Michigan Journal of Law Reform 25: 751-792.

White, N. P. 1978. "Two Notes on Stoic Terminology." *American Journal of Philology* 99: 111-119.

ユルゲン・ハーバーマス．1999．『法と正義のディスクルス──ハーバーマス京都講演集』．河上倫逸編訳．東京：未来社．

神島裕子．2015．『ポスト・ロールズの正義論──ポッゲ・セン・ヌスバウム』．京都：ミネルヴァ書房．
川本愛．2013．「ゼノン『国家』における「ポリス」の再定義」．『古代哲学研究（METHODOS）』45：19-34．
───．2014．「ストア派における「全人類の協同関係」という概念の形成──知者の国家から全人類の協同関係へ？」．『アルケー』22：77-87．
───．2015．「ストア派の倫理学における行為と規則について」『西洋古典學研究』63：62-73．
國方栄二．2009．「コスモポリタニズムの起源」．『西洋古典學研究』57：65-77．
古賀敬太．2014．『コスモポリタニズムの挑戦──その思想史的考察』．東京：風行社．
坂口緑・中野剛充．2000．「現代コミュニタリアニズム」．『ポスト・リベラリズム──社会的規範理論への招待』．有賀誠［ほか］編集．京都：ナカニシヤ出版．86-104．
廣川洋一．2010．「次善の行為と選択」．『思想』1034：195-225．

あとがき

　ストア派のコスモポリタニズムについて学ぶことが，現代社会の問題を解決するために直接役に立つとは思わない。社会をとりまく条件が違いすぎる。ストア派が前提とする目的論的かつ汎神論的な世界観は，現代の世界観とは大きく隔たっており，普遍的な原理について合意を形成するためには，現代においてはまったく異なるアプローチが必要だろう。また，ストア派が「恩恵」のネットワークを強調した背景には，古代社会においては現代のような行政組織も警察組織も存在せず，一般の人々が問題を解決するためには人脈に頼るほかなかったという，歴史的な事実もあるだろう。

　だが，たとえば「誰がコミュニティの一員であるべきなのか」「コミュニティのルールとグローバルな正義の関係をどう考えるべきなのか」「複数のコミュニティのそれぞれに対して，私はどのような義務を負うべきなのか」「私が誰であるのかを知るために，私とコミュニティの関係をどのように理解するべきなのか」というような問題を考えるとき，ストア派の哲学者たちは，現代人にとっても，あるいは，遠く隔たった現代人にとってこそ，新鮮な議論を提供してくれる。こうした問題を考える人がその思考をさらに前へ進めるために，本書が役に立てば幸いである。

　本書のもとになったのは，2017 年に京都大学大学院文学研究科へ提出した博士学位論文「初期ストア派の政治哲学——コスモポリタニズムの起源——」である。博士論文の執筆に際しては，指導教官の中畑正志先生にたいへんお世話になった。中畑先生からは，古典を精読するための技術はもちろん，現代人の視点を忘れずに古典に向き合う姿勢の大切さを学んだ。また，私が博士課程を退学して京都を離れたのちも，中畑先生は粘り強く指導を続けてくれた。中畑先生がいなければ，私は論文を書き上げられなかっただろう。出版が決まってからも，より多くの人に届くようにという観点から的確なコメントを頂き，本書の制作のために中畑先生には最初から最後までお世話になった。論文審査の副査をお願いした，近藤智彦先生，周藤多紀先生，

福谷茂先生にも，この場を借りてお礼申し上げたい。

　本書の刊行にあたっては，京都大学大学院文学研究科による平成30年（2018）度の「卓越した課程博士論文の出版助成制度」より助成を受けた。謹んで感謝したい。編集は，京都大学学術出版会の編集者であり，古代哲学の研究者でもある國方栄二先生に担当して頂いた。私の勘違いや説明の不足などの多くの点を修正できたのは，國方先生のご尽力のおかげである。

　ここに名前を挙げた方々のほかにも，本当に多くの人にお世話になった。本書の刊行で，少しでも頂いた恩を返せたらと思う。

　最後に，私の夫，フェルナンド・アルテアガ・アルテアガに心を込めて本書を捧げる。いつもありがとう。

Abstract

The Origin of the Cosmopolitanism: Political Philosophy of the Early Stoics

Ai KAWAMOTO

In this study, I reconstruct and analyze the political philosophy of the early Stoics, who are considered to be the founders of cosmopolitanism, to achieve the following two goals : 1. Clarifying the meaning of "cosmopolitanism," which has been blurred in recent years, by reconstructing its original form ; and 2. Providing some useful insights about the problems that contemporary cosmopolitans have been facing, especially how to understand relationships between individuals and particular communities.

Although the core idea of contemporary cosmopolitanism can be said to be that everyone is of the equal moral value and that every nation has a certain global responsibility, various types of "cosmopolitanism" have existed, which makes it difficult to identify its precise meaning.

Generally, contemporary concepts of cosmopolitanism are classified according to subject as "cosmopolitanism about justice" and "cosmopolitanism about culture and identity (and living well)". For both of these types, the moderate and radical forms can be easily distinguished. This distinction lies in whether it holds a moderate view, in which the global human community is just one of many particular communities that give rise to moral responsibility, such as that for family and nation, or a radical view, in which moral responsibility to a particular community cannot be justified without appealing to the good of humanity as a whole. However, it can be said that radical cosmopolitanism has almost died out because of criticism that it transforms affection to a particular community into a mere tool for the good of humankind, and most cosmopolitans tend to avoid addressing the problem of how to understand affection to a particular community.

However, if this problem continues to be avoided, achieving global justice and promoting a model of living well in this globalized society, which are the most important tasks of contemporary cosmopolitanism, will be difficult. In my view, the early Stoics tried to change our understanding of the relationship between individuals and particular communities. Therefore, by examining the political philosophy of the Stoics, I hope to suggest a type of cosmopolitanism that can provide a foundation for global justice and suggest a model of living well while overcoming the difficulties associated with the radical form.

The political philosophy of the early Stoics remains a relatively undeveloped field of study, especially in Japan. Because it contains many unusual theses, such as "only the sages are citizens", it has puzzled many interpreters. According to the standard interpretation, the early Stoics, Zenon as well as Chrysippus, excluded the non-sage (i.e., ordinary people) from ethical relationships ; it was not until the Roman Stoics that the ideas of universal norms and a community of all human beings were introduced. However, as I argue in this study, the political philosophy of the early Stoics needs to be reconsidered because the standard interpretation is grounded on a misunderstanding of the strange theses they proposed.

In Chapter 1, I refute the standard view that "the fool" is excluded from ethical relationships. "The fool" is considered someone who does not have systematic knowledge, not someone who cannot live a social life. The early Stoics argued that moral improvement was possible for the fool. As for the thesis, "only the sages are X (citizens, friends, etc.)", by redefining political concepts, it aims not to exclude, but to encourage the fool to become a sage. In addition, I point out two things. First, the Stoic concept of oikeiôsis (appropriation or belonging) toward oneself also functioned as a basis of justice for others, while the concept of oikeiôsis toward others had probably already been developed by the early Stoics.

In Chapters 2 and 3, strange theories about the community of sages, which are characteristic of the early Stoics, are examined. Chapter 2 is devoted to Zenon's thesis that only the sages are citizens. A survey of the surviving fragments of Zenon's lost work, *Republic*, clarifies that he proposed an ideal community whose only citizens are sages. The main basis of the idea of the sage's city is the redefinition of the law as virtue. The significance of this idea is that it aims to expand the relationship between citizens to all human beings, and that it demands us to love the rational capacity existing within a particular person. I also point out that the community of sages is considered an ideal model that should be held in the mind of every person.

Chapter 3 examines Chrysippus' thesis that the universe (cosmos) as a whole is a city (polis). I argue that what Chrysippus means by this is that the universe is literally a community of sages. The bases of this strange thesis are the identification of the law with virtue, the sameness between divine and human virtue, and pantheistic cosmology. Its purpose is to reinforce the ideal of the community of sages by integrating it into the framework of physics. It also has some practical implications ; for example, the abstract model of the community of sages obtains the physical reality of the universe and divine stars, as well as visual images and musical rhythms owing to the traditional myth about the gods. Moreover, this thesis has a historical impact in that it holds that all humans belong, at least potentially, to a single community, despite the distances between one another, and share a reciprocal relationship, and that enables traditional communities (such as family and nation) to be maintained.

Chapter 4 explains the early Stoic theory about the structure and contents of universal law (called "common law" or "natural law"). As I show, contrary to the standard interpretation, the Stoics did not argue for the existence of such rules that prescribe appropriate actions (kathêkon) without referring to situations. Rather, they proposed rules that dictate what is appropriate by referring to type-situations. The Stoics also thought that these situation-sensitive rules should somehow be based on universal principles about things such as the gods and human nature. This Stoic normative theory is important in that it argues for the existence of universal principles about significant things, while maintaining the need to consider particular situations. In this view, Stoic normative theory urges everyone to participate in making and implementing universal rules, and is therefore rather flexible.

Chapter 5 compares the early Stoics and the Roman Stoics, who developed several new theories. First, they regarded the community of humanity as parallel to traditional communities such as family and nation. Second, they considered the problem of what duty people have toward each parallel community. Third, they tried to justify duty to traditional communities by relating these communities to the right reason (orthos logos). These new theories are important because they clearly stated, for the first known time in the history of ideas, that all human beings comprise a single community—which is the core idea of contemporary cosmopolitanism—and suggested a cosmopolitanism that stressed community improvement.

The main conclusion of this study can be summarized as follows. In regard to justice, the Stoics argued that, to determine one's duty toward a particular community, universal principles must be referred to in at least two ways. First, on the assumption that a community governed by universal principles is the ideal model, duty toward a particular community should be determined based on that model. Second, duty toward a particular community needs to be justified by the fact that the reasoning about duty uses universal principles as premises.

Regarding the problems of identity and living well, the Stoics held that, in order to live well, people must consider themselves not only as personalities who belong to particular communities, where members share a particular culture and history (i.e., only as someone's wife, someone's friend, a citizen of a certain city, etc.), but also as members of a community of sages, whose members potentially include all human beings.

Therefore, Stoic cosmopolitanism does not consider one's ties with a particular community as a mere tool for the good of humankind; rather, it provides new insights into what it is like to be a world citizen. In other words, it consists of making relationships with people no matter who they are, holding the model of a community of sages and gods in one's mind, and living according to universal principles.

索　引

人名索引

【古代】
[ア]
アリストテレス　4, 9, 18, 24–25, 35, 38, 72, 130, 160, 165–167
アウグストゥス　86
アテノドロス　141
アニュトス　24
アポロドロス　76
アリストクレス　88
アリストン(キオスの)　43, 108, 110, 112, 117–118, 120, 122, 124–128, 130–133
アレイオス　86, 88, 90–92, 94
アレクサンドロス(大王)　3, 22–23, 60
アレクサンドロス(アプロディシアスの)　57, 108, 130, 175
アンティゴノス2世　23, 79
アンティパトロス(タルソスの)　19–20, 133, 139, 142–144, 158
アントニウス　4, 147
イソクラテス　25
ウェッレス　151
エウセビオス　86
エピクテトス　19, 43, 108, 114, 117, 119, 139, 142, 145, 147, 159, 162
エピクロス　22, 49, 56, 141
エンニウス　153
オリゲネス　88
オルペウス　96

[カ]
カエサル　4
カッシオス　55, 58–59, 141
キケロ　4, 19, 32–33, 35–36, 40–41, 44, 47, 62, 66, 68, 70, 86–88, 90–95, 109–110, 114, 133, 137, 139, 141, 148–149, 151–157, 159, 161, 163, 165–166, 177–178
グラックス(ガイウス・)　151
クリュシッポス　19–21, 28, 33, 35, 37, 39–40, 45–49, 51, 56, 59–60, 65–69, 75–76, 80, 84–103, 108, 110–114, 117–120, 132, 140, 142, 147, 155, 158, 164, 170–171, 175
クレアンテス　19, 28, 39, 43, 65, 72, 91, 93–94, 124, 131
クレメンス(アレクサンドリアの)　88, 92
ケンソリヌス　159

[サ]
スキピオ・アエミリアヌス　20
ストバイオス　27–28, 30–31, 35, 43, 56, 61–64, 72, 85–86, 93, 108–110, 112, 119, 132, 143–144, 147, 149, 152–153, 157–158, 160–161, 166
セクストス・エンペイリコス　30–31, 59, 72, 77, 94, 110, 118, 136, 175
セネカ(ルキウス・アンナエウス・)　19, 37, 43, 66, 96, 106, 113, 116, 122–129, 131–133, 136, 139, 145, 147, 160–161, 176
ゼノン　17, 19–20, 22, 25–29, 32–34, 36–37, 39, 43, 48–49, 51, 53–62, 65, 70–81, 83–84, 88–90, 92–94, 97–101, 103, 110–111, 137, 141–142, 147, 158–159, 164–165, 169–171
ソクラテス　24, 79
ソロン　19, 23, 36, 62–63, 137, 160

[タ]
ディオゲネス(キュニコス派の)　56
ディオゲネス(バビュロニアの)　19–20, 90, 133
ディオゲネス・ラエルティオス　4, 17, 19,

197

28, 35, 39–40, 44, 46, 55–56, 58–60, 63, 65, 69, 71–72, 75–76, 80, 94, 98, 100, 108, 111–112, 114, 117, 119–120, 141–143
ディオン・クリュソストモス　63–64, 91
テオプラストス　38–39, 48
デモステネス　25

[ナ]
ネロ帝　19

[ハ]
パナイティオス　19–20, 139–140, 148, 152, 178
ヒエロクレス　50, 139, 142–144, 148–149, 151–153, 155, 157–159, 163, 179
ピリッポス（2世）　23, 25
ピロデモス　55–57, 59–60, 75, 79, 85, 90, 94, 96, 141, 175
プラトン　3–4, 18, 23–25, 33–34, 37, 46, 53–54, 56, 60, 72–75, 77–80, 83, 137, 150, 160
プルタルコス　20, 29, 31–32, 37, 40, 42, 44–46, 54, 58, 60, 67–69, 71, 79, 84, 90–91, 93, 98, 108, 119–120, 129, 137, 143, 175
偽プルタルコス　29
ヘカトン　151
ヘラクレイトス　85, 94
ペルディッカス　25
ヘルマルコス　49
ポセイドニオス　46, 114, 128, 139, 160–161, 171
ホメロス　96
ポルピュリオス　47–48

[マ]
マルキアヌス　66
マルクス・アウレリウス　4, 19, 94–96, 139, 145, 147
ムソニウス・ルフス　19, 72, 139, 142–144, 147, 158–161, 166–167, 171
メノン　24

[ラ]
ラエリウス　68

リュクルゴス　36, 62
ルキウス　144
ルキリウス　122–123

【近代】
Annas, J.　104
Appiah, K. A.　10
Babut, M.　68
Baldry, H. C.　20, 23, 27–28, 33, 38, 54–56
Baltzly, D.　20
Barney, R.　33–34, 118
Beitz, C.　8
Berlin, I.　22, 137
Braginton, M. V.　167
Brennan, T.　42–43, 111–113, 115
Briant, P.　23
Brighouse, H.　6, 83
Brink, C. O.　20, 27–28, 38
Brock, G.　6, 83
Brouwer, R.　29, 136, 175
Brown, E.　3, 102
Casevitz, D.　68
Cohen, E.　24
Colish, M. L.　102
Donini, P.　117–118
Dyck, A. R.　67, 152
Gill, C.　59, 75
Graham, S.　23
Harvey, D.　1–2
Heater, D.　102
Inwood, B.　105, 112, 117–118, 130, 133, 139
Ioppolo, A. M.　118
Kleingeld, P.　3, 102
Miller, D.　6
Mitsis, F.　65, 104, 117
Nederman, J.　161
Nussbaum, M. C.　1, 5, 10–12, 15–16, 18, 97, 137
O'Neill, O.　10
Obbink, D.　20, 85, 89
Pogge, T.　1–2, 5, 8, 154
Ramelli, I.　142–144, 149
Rasimus, T.　102

Reydams-Schils, G. 142-143, 145
Richter, D. S. 20, 24-25
Rist, J. M. 20
Sandel. M. J. 6
Schafer, J. 122-123, 126
Scheffler, S. 3, 6-8, 10-11
Schofield, M. 18, 20, 54, 60, 65, 86, 88, 93, 99, 142
Schofiled 60, 77
Sellars, J. 20
Striker, G. 42, 104, 135
Tan, K. 13
Tarn, W. W. 20, 22-23, 54, 57-58
Tarrant, H. 150
Vander Waerdt, P. A. 20, 49, 60, 65

Vogt, K. M. 20, 34-36, 54, 57, 59-60, 75, 89-91, 115
Waldron, J. 7-8, 16
White, N. P. 110-112, 115, 118
神島裕子 6
川本愛 38, 61, 110
カント (Kant, I.) 5, 10, 135
國方栄二 4
古賀敬太 3
坂口緑 5
中野剛充 5
ハーバーマス (Habermas, J.) 1, 97
ヘーゲル (Hegel, G. W. F.) 22, 137
マッキンタイア (MacIntyre, A.) 6, 14
ロールズ (Rawls, J. B.) 2, 6, 8, 97

事項索引

事項索引は重要な箇所のみを採録している。

[ア]
愛 76, 97
『永遠平和のために』(カント) 5
愛国心 1
アカデメイア派 139
アテナイの市民権 24
誤り (ἁμάρτημα/peccatum) 109
位階的な規則 104-106, 122, 132-133
宇宙 (ポリスとしての) 21, 88-89, 134
　―全体が一つのコミュニティである 85
『エロスについて』(クリュシッポス) 76
穏健なコスモポリタニズム → コスモポリタニズム

[カ]
カイロネイアの戦い 23
過激なコスモポリタニズム → コスモポリタニズム
貨幣の廃止 55, 60
カリス (χάρις) 96
『カリスたちについて』(クリュシッポス) 96
忌避されるもの (ἀποπροηγμένον) 107-108, 110

「兄弟愛について」(ヒエロクレス) 157
共通の法 21, 53, 65, 71
『国を愛するということ』(ヌスバウム) 11
義務 (officium) 113
『義務について』(キケロ) 148, 161
義務論的な自然法主義 135
ギリシア人と異民族 (バルバロイ) の区別 24-25
キリスト教父 101
クレモニデス戦争 23
結婚制度
　一夫一婦制 144
　―の肯定 141
　―の否定 141
「結婚について」(アンティパトロス) 143, 158
「結婚について」(ヒエロクレス) 143, 158
権威主義 135-136
功利主義 5, 49, 179
互恵的な関係 98-99, 164, 171
コスモポリタニズム (世界市民思想)
　穏健な― 3, 7-10, 13, 172-174
　過激な― 7, 10-11, 14, 17, 21, 78, 176-177
　正義に関する― 7-8

199

文化とアイデンティティに関する— 7-9, 13
コスモポリーテース(κοσμοπολίτης) 3-4
『国家』(ゼノン) 21, 28, 36, 51, 53-58, 60-62, 70-71, 73, 75-77, 79-80, 90, 98, 101, 141-142, 147
『国家』(プラトン) 53, 72-73, 79
『国家について』(クリュシッポス) 56, 75, 80, 100, 142
コミュニティ
　全人類の— 10, 14, 146-149, 151, 153, 156, 162-163, 165, 173-174
　知者の— 36, 58, 73, 80, 84, 90, 94-99, 101, 103, 147-148, 158, 160, 164, 170-177
　伝統的な— 17, 73, 99-100, 140, 145-149, 155-157, 161-162, 165, 170, 172
　理想的な— 53-54, 56, 61, 71-73, 77-80, 98-100, 102-103, 146-147, 155, 163, 170

[サ]
妻子の共有, 妻子共有制 55-56, 73-75, 99, 141-142
裁判所の廃止 56
『さまざまな生について』(クリュシッポス) 76
『自然について』(クリュシッポス) 85, 94, 119
自然法(natural law) 18, 21
自然法思想と世界市民思想(コスモポリタニズム) 19
子孫に対する愛情 44
市民 34, 36-37, 55, 58, 61-64, 71, 89-90, 147, 170
　弱い意味での— 89, 92
　強い意味での— 92
十二表法 36, 62-63, 137
自由人と奴隷の区別 24
状況非参照規則解釈 111-112, 114, 117-118, 120
初期ストア派 → ストア派
植民地主義 135-136
親近化(οἰκείωσις) 28, 38-39, 41-46, 48-50, 70, 150, 179

親近関係(οἰκειότης) 38, 49
神殿の廃止 56, 99
『人倫の形而上学』(カント) 5
ストア派
　初期— 20, 27, 39, 50-51, 126-127, 139, 145-146, 155-156, 158, 160, 165
　中後期— 27, 39, 50-51, 139-141, 145-148, 155-158, 160, 162-166
正義に関するコスモポリタニズム → コスモポリタニズム
『正義について』(クリュシッポス) 45-46, 48
『正義についての論証』(クリュシッポス) 69
政治家 33-34, 36
『政治的な感情』(ヌスバウム) 12
正当な行為(κατόρθωμα/recte factum) 109
「ゼウス頌歌」(クレアンテス) 93
世界市民(world citizenship) 18
世界市民思想 → コスモポリタニズム
摂理 119
ゼノンの理想国家論 54, 61, 72, 77-79, 83
全人類のコミュニティ → コミュニティ
ソロンの法 19, 137

[タ]
他者に対する親近化 → 親近化
正しい行為(κατόρθωμα) 65, 67
正しいロゴス 64-65, 69-71, 91-92, 100, 110, 140, 157, 159-162, 165, 171-172
『談論』(ムソニウス・ルフス) 142
知者 27, 57
　—だけが市民である 3, 34-36, 54, 56, 61, 65, 69-70, 88, 139, 169
知者のコミュニティ → コミュニティ
中後期ストア派 → ストア派
忠告(praecepta) 106, 121-124, 126, 128-131, 136
調和(ὁμολογία) 41
適切な行為(καθῆκον/officium) 106, 109, 112-115, 134-136, 145, 172
『適切な行為について』(クリュシッポス) 59

『適切な行為について』(ヒエロクレス)　149
『適切な行為について』(ポセイドニオス)　46
天上の国家　100-101
伝統的なコミュニティ　→　コミュニティ
伝統的な社会制度の肯定　140
同心円の比喩(ヒエロクレス)　50, 153
徳　63, 65, 71, 73, 78, 80, 103, 106, 162-163
　―だけが善である　43, 104, 134, 176
トークン　111, 113, 118, 120, 128, 133-136, 171, 173-174
友　34-37, 55, 61, 72, 77

[ナ]
人間は社会的な動物である　134

[ハ]
バルバロイ(異民族)　33
普遍主義的規範理論に対する批判　135
普遍的な規範と特殊な規範の対立　104
文化とアイデンティティについてのコスモポリタニズム　→　コスモポリタニズム
ペリパトス派　38-39, 49, 86
法　21, 33, 36, 61-64, 69, 71, 80, 103-104, 147
　―の定義　64, 66, 68
『法について』(クリュシッポス)　66-67
ポリスの形成(アリストテレス)　166
ポリスの定義　63-64, 101

[マ]
無差別のもの(ἀδιάφορον)　42, 107-108, 118, 137
　―の間の優先性　118
『目的について』(クリュシッポス)　40

[ヤ]
役(persona)　124
友愛, 友情　9, 97
勇気　33-34
優先されるもの(προηγμένον)　104, 107-108, 110, 113, 116, 119, 143, 177-178
「両親をどのように扱うべきか」(ヒエロクレス)　159

[ラ]
『歴史哲学講義』(ヘーゲル)　22
理想的なコミュニティ　→　コミュニティ
ロゴス的な存在者　40, 91

出典索引

＊古典文献にかぎって掲載する。

[ア]
アウグスティヌス『神の国』
　19. 17　4
アテナイオス『食卓の賢人たち』
　13. 561C(SVF 1. 263/LS 67D)　76
アレクサンドロス(アプロディシアスの)『アリストテレス「トピカ」注解』
　84(SVF 3. 711)　130
アレクサンドロス(アプロディシアスの)『運命について』
　cp. 28 p. 199. 7. Bruns(SVF 3. 658)　57, 175
アレクサンドロス(アプロディシアスの)『魂について』
　167(SVF 3. 145)　108, 119
アリストテレス『政治学』
　1. 2　165-166
　1. 2 1252a-b　25
　1. 13 1260a12-20　72
　7. 6 1327a　25
　7.12 1331a-b　25
イソクラテス『民族祭典演説』
　50. 70　25
エウセビオス『福音の準備』
　15. 14(SVF 1. 98)　88
　15. 15. 3-8(SVF 2. 528/LS 67L)　47, 86

エピクテトス『語録』
　1. 9. 6-7　147
　2. 6. 9（SVF 3. 191/LS 58J）108, 114, 117
　2. 10　119
　2. 22. 3-11　43
　3. 21　145
　4. 5. 30-32　43
偽エリアス『ポルピュリオス「エイサゴーゲー」注解』
　6. 14（SVF 3. 768）129

[カ]
キケロ『アカデミカ前書』
　2. 136（SVF 3. 599）19, 35, 62, 137
キケロ『アッティクス宛書簡』
　16. 11　114
キケロ『神々の自然本性について』
　1. 36（SVF 1. 162）70
　1. 39-41（SVF 2. 1077/LS 54B）93
　2. 154（SVF 2. 1131）87
　2. 37-39（SVF 2. 641, 2. 1153/LS 54H）95
キケロ『義務について』
　1. 12　161
　1. 20　154
　1. 50　161
　1. 52　153-154, 178
　1. 54　161, 166
　1. 58　152
　1. 59　152, 178
　3. 28　154
　3. 50-55（SVF Diogenes 3. 49 ; Antipater 3. 62）133, 177
　3. 90　151
キケロ『国家』
　3. 27（Ziegler 3. 33/SVF 3. 325/LS 67S）68
キケロ『善と悪の究極について』
　3. 21（SVF 3. 188）41
　3. 58（SVF 3. 498/LS 59F）109-110
　3. 62-63（SVF 3. 340）44
　3. 67（SVF 3. 371/LS 57F）33, 47, 177

　4. 21（SVF 3. 532）32
キケロ『法律について』
　1. 18-19（SVF 3. 315）66
　1. 23　66
　1. 24（SVF 1. 738）159
　1. 25（SVF 3. 245）92
　2. 8-12　66
クセノポン『ソクラテスの思い出』
　3. 9. 10　34
クレメンス（アレクサンドリアの）『ストロマテイス（雑録集）』
　4. 26. 172（SVF 3. 327）63, 89, 92, 102
ゲリウス『アッティカの夜』
　12. 5. 7（SVF 3. 181）41
ケンソリヌス『誕生日について』
　4. 10　（SVF 1. 124）159

[サ]
ストバイオス『精華集』
　1. 1. 12（SVF 1. 537/LS 54I）28, 93
　1. 21. 5（SVF 2. 527）85
　1. 25. 3-27. 4（SVF 1. 537/LS 54I）43
　2. 7. 51（SVF 3. 112）30, 143
　2. 7. 7a　108, 119
　2. 7. 8（SVF 3. 494/LS 59B）109
　2. 7. 8a（SVF 3. 499）109-110
　2. 7. 11a（SVF 3. 500）109-110
　2. 7. 11d　64
　2. 7. 11e（SVF 3. 501/LS 59M）110
　2. 7. 11g（SVF 3. 589）63
　2. 7. 11g（SVF 1. 216）27
　2. 7. 11i（SVF 3. 587）63
　2. 7. 11i27-33（SVF 3. 614）64
　2. 7. 11k（SVF 3. 683）63
　2. 7. 11m（SVF 3. 630）35
　2. 7. 11m（SVF 3. 686/LS 67W）132
　2. 7. 11s（SVF 3. 605）35
　2. 31. 126（ムソニウス『談論』3）72
　2. 112. 1-5（SVF 3. 548）31
　3. 39. 34（ヒエロクレス「断片」）152
　3. 39. 35（ヒエロクレス「断片」）152
　3. 40. 9（ムソニウス『談論』9）166
　4. 43. 88（SVF 1. 266）56

4. 48. 67(ムソニウス『談論』8) 160
4. 67. 20(ムソニウス『談論』14)
4. 67. 22(ヒエロクレス「断片」) 143
4. 67. 24(ヒエロクレス「断片」) 144, 158
4. 67. 25(アンティパトロス「断片」) 143, 158
4. 69. 90(ムソニウス『談論』13A) 143–144, 158
4. 79. 51(ムソニウス『談論』16) 160
4. 79. 53(ヒエロクレス「断片」) 152, 159
4. 70. 103(アンティパトロス「断片」) 144, 158
4. 70. 104(ムソニウス『談論』13B) 144, 158
4. 84. 20(ヒエロクレス「断片」) 153, 157
4. 84. 23(LS 57G) 149
4. 103. 22(SVF 3. 510/LS 59I) 112
セクストス・エンペイリコス『学者たちへの論駁』
7. 16(SVF 2. 38) 94
7. 150–153(SVF 2. 90/LS 41C) 31
7. 432–435(SVF 3. 657) 136, 175
9. 123(SVF 3. 1017) 30
11. 63–67(SVF 1. 361/LS 58F) 118
11. 194(SVF 3. 752/LS 67G) 59
11. 207(SVF 3. 516b) 110
セクストス・エンペイリコス『ピュロン主義哲学の概要』
3. 245(SVF 1. 250) 72, 77
セネカ『怒りについて』
3. 36. 1–38. 2 176
3. 37. 4. 176
セネカ『恩恵について』
1. 3. 8–1. 4. 6(SVF 2. 1082) 96
2. 17. 4(SVF 3. 725) 37
4. 34-4(SVF 3. 565) 136
セネカ『閑暇について』
4. 1(LS 67K) 147
セネカ『倫理書簡』
20 145
66. 14 116

66. 15 116
66. 16 116
66. 36–39 116
68 123
76. 10(SVF 3. 200a) 66
84 123
90. 3–6(LS 67Y) 160
90. 5 161
91 145
94. 4 122
94. 10–11 132
94. 11 43, 106
94. 38 128
94 123–124, 126, 131
95. 65 128
95 123, 126, 128, 131

[タ]
著者不明『プラトン「テアイテトス」注解』
5. 18–34(LS 57 H) 150
ディオゲネス・ラエルティオス『哲学者列伝』
6. 63 4
6. 73 75
7. 6–13(SVF 1. 3) 80
7. 32–33(SVF 1. 259/LS 67B) 19, 55, 58, 143
7. 33(SVF 1. 222/LS 67B) 17,98
7. 34 141
7. 40(SVF 2. 38b/LS 26B) 94
7. 85 120
7. 85–86(SVF 3. 178/LS 57 A) 40
7. 86–89 65
7. 88(SVF 1. 162d) 71
7. 89 65, 69
7. 101(SVF 3. 208) 63
7. 105(SVF 3. 126) 108, 119
7. 107–108(SVF 3. 493/LS 59C) 109
7. 109 111–112
7. 109–110(SVF 3. 496/LS 59E) 114
7. 121(SVF 1. 270) 142
7. 121(SVF 3. 697) 100
7. 122(SVF 3. 617/LS 67M) 35

7. 124(SVF 3. 631)　143
7. 129(SVF 3. 367)　46
7. 129-130(SVF 1. 248)　76, 143
7. 131(SVF 1. 269)　56, 58, 60, 75, 100, 142
7. 175　72
ディオン・クリュソストモス『弁論集』
　36. 20(SVF 3. 329/LS 67J)　63
　36. 20-21　64
　36. 23(SVF 3. 334)　91
テミスティオス『弁論集』
　2. 27c(SVF 3. 251)　91
デモステネス『ピリッポス弾劾第三演説』
　9. 30-31　25

[ハ]
ピロデモス『敬虔について』
　col. 7. 3-12(SVF 2. 1081)　96
　col. 7. 21-27(SVF 2. 636)　85
ピロデモス『弁論術について』
　2. 212　90
ピロデモス『ストア派について』
　col. 9-12　60, 141
　col. 12. 1-9　57, 175
　col. 19　55
プラトン『ラケス』
　192C f.　34
プラトン『パイドロス』
　260B-D　34
プラトン『国家』
　430B　34
　434B　72
　458B-460D　74
　459A-460A　74
　462B-465C　74
　464C-465C　74
　465D8-9　74
　470B　72
　470C　24
　472C-473B　79
　500D-501C　79
　592B　79
プラトン『政治家』

259A-C　34
262D　33
294A f.　137
295E　137
プラトン『法律』
　692E-693A　24
プルタルコス『アレクサンドロスの運または徳について』
　329A-B(SVF 1. 262/LS 67A)　20, 54, 58, 90, 137
　329C　60
プルタルコス『倫理的徳について』
　440E-441D(SVF 1. 202/LS 61B)　31
プルタルコス『陸棲動物と水生動物ではどちらがより賢いか』
　962A　42, 44
プルタルコス『ストア派の自己矛盾について』
　1037C-D(SVF 3. 520)　67
　1037F(SVF 3. 175/LS 53R)　67
　1038B(SVF 3. 179, 2. 724/LS 57E)　45
　1039B(SVF 3. 724)　37
　1041A(SVF 3. 297)　69
　1043D-E　(SVF 3. 693)　129
　1048E(SVF 3. 662)　136, 175
　1050A(SVF 2. 937)　119
プルタルコス『共通観念について』
　1060B-D(SVF 3. 146)　108, 120
　1063A(SVF 3. 539/LS 61T)　32
　1068F(SVF 3. 627)　98, 143
　1076A(SVF 3. 246/LS 61J)　91, 98
　1076F(SVF 2. 645)　84, 93
偽プルタルコス（アエティオス）『哲学者たちの自然学説誌』
　874E(SVF 2. 35/LS 26A)　29
　900B(SVF 2.83)　40
ヘロドトス『歴史』
　5. 22　25
　8. 137-139　25
ポルピュリオス『肉断ちについて』
　1. 7. 1-13　49
　2. 22. 1(FHSG F584A)　38, 48
　3. 1. 4.　46

3. 20. 1（SVF 2. 1152）　47
　　3. 25. 3（FHSG F531）　48

[マ]
マルキアヌス『法学提要』
　　1. 11-25（vol. 1. p. 11, 25 Mommsen =
　　SVF 3. 314/LS 67 R）　66
マルクス・アウレリウス『自省録』
　　1. 17　145
　　4. 4　4

　　4. 3　　94
　　6. 44　　147
　　7. 47　　96
　　11. 27　96

[ラ]
ラクタンティウス『信仰提要』
　　3. 25（SVF 3. 253）　72

SVF 1. 68　30

著者略歴

川本　愛（かわもと　あい）

1986年 東京都に生まれる。パリ第4大学修士課程（Master 2）修了
京都大学文学研究科博士後期課程研究指導認定退学
京都大学博士（文学）

主な著訳書
『権利の哲学入門』（共著，社会評論社，2017年），「ストア派の倫理学における行為と規則について」（『西洋古典学研究』63号，2015年），『メルロ＝ポンティ哲学者事典　第1巻』（翻訳協力，白水社，2017年）など。

（プリミエ・コレクション 99）
コスモポリタニズムの起源
── 初期ストア派の政治哲学

2019年2月20日　初版第一刷発行

著　者	川　本　　　愛
発行人	末　原　達　郎
発行所	京都大学学術出版会
	京都市左京区吉田近衛町69
	京都大学吉田南構内（〒606-8315）
	電話　075(761)6182
	FAX　075(761)6190
	URL　http://www.kyoto-up.or.jp
	振替　01000-8-64677
印刷・製本	亜細亜印刷株式会社

Ⓒ Ai Kawamoto 2019　　　　　　　　　　　　　Printed in Japan
ISBN978-4-8140-0202-3　　　　定価はカバーに表示してあります

本書のコピー，スキャン，デジタル化等の無断複製は著作権法上での例外を除き禁じられています。本書を代行業者等の第三者に依頼してスキャンやデジタル化することは，たとえ個人や家庭内での利用でも著作権法違反です。